W I Z A R D

アルゴトレードの入門から実践へ

イージーランゲージによるプログラミングガイド

ケビン・J・ダービー［著］
長岡半太郎［監修］
山下恵美子［訳］

INTRODUCTION TO
ALGO TRADING
How Retail Traders can Successfully Compete with Professional Traders

ENTRY AND EXIT CONFESSIONS O
A CHAMPION
TRADER
52 Ways a Professional Speculator Gets In and Out of
the Stock, Futures and Forex Markets
by Kevin J. Davey

INTRODUCTION TO ALGO TRADING
-- How Retail Traders Can Successfully Compete with Professional Traders
by Kevin J. Davey

ENTRY AND EXIT CONFESSIONS OF A CHAMPION TRADER
-- 52 Ways a Professional Speculator Gets In and Out of the Stock, Futures and Forex Markets
by Kevin J. Davey

【免責事項】

本書のデータ、情報、資料（以下「コンテンツ」と呼ぶ）は情報提供と教育目的のためのみに提供されるものである。このコンテンツは特定の証券の売買を提供、勧誘、推奨するものではない。本書のコンテンツを使ってユーザーによってなされた投資の意思決定は、ユーザーの金融環境、投資目的、リスク許容量に基づいて行われたユーザー独自の分析によるものと解釈される。KJTradingSystems.com（KJトレーディング）やそのコンテンツ提供者はそれに基づいて行われた間違いや行動に何らの責任も負わない。ユーザーはKJトレーディングのサイトにアクセスすることで、そのサイト内のいかなるコンテンツも特に許可を得ないかぎり、再配布しないことに同意したとみなされる。

個々のパフォーマンスは各読者のスキル、費やした時間、努力に依存する。得られる結果は代表的な結果ではない場合もあり、それぞれに異なる。

米国政府によって求められている免責事項――本書を利用した場合、米商品先物取引委員会（CFTC）は読者は以下の事項に同意したものとみなす。

先物およびオプショントレードは巨額の利益をもたらす可能性があるが、潜在的リスクも大きい。先物およびオプション市場に投資するときは、リスクに留意し、リスクを進んで受け入れなければならない。失ってはいけないお金でトレードしてはならない。本書は先物、株式、またはオプションを売買することを勧誘または提案するものではない。また本書に書かれているような損益を獲得できることを保証するものでもない。いかなるトレードシステムや手法の過去の実績は必ずしも将来の結果を示すものではない。

CFTCの規則4.41――仮説に基づいた、あるいはシミュレートした結果には一定の限界がある。実際の実績記録とは違って、シミュレーション結果は実際のトレード結果を示すものではない。また、トレードが執行されなかったために、流動性の欠如といった市場ファクターの影響（もしあれば）によって予想以下の利益になったり、予想以上の利益になったりすることがある。一般に、トレードシミュレーションは後知恵によって設計されているという事実に依拠する。いかなる口座も本書で提示されているような損益を獲得することを保証するものではない。

いかなる口座も本書で述べられているような損益を達成することに対して一切の表明も行わない。実際のお金を投資することを決めた場合、すべての意思決定は本人の責任の下で行うものとする。

監修者まえがき

本書は著名なトレードコンテストの優勝者であるケビン・J・ダービーによる“Introduction To ALGO Trading : How Retail Traders Can Successfully Compete With Professional Traders”および“Entry and Exit Confessions of a Champion Trader : 52 Ways A Professional Speculator Gets In And Out Of The Stock, Futures And Forex Markets”の邦訳である。ダービーの翻訳書としては、2017年に出版された**『システムトレード　検証と実践――自動売買の再現性と許容リスク』**（パンローリング）が、トレードアルゴリズムの検証法に特化した実践者向けの内容であったのに対し、本書はこれからアルゴリズムトレードを始めようとする初心者を対象として、自らコードを書くことでそれを実行するための入門書となっている。

さて、各種のツールを使えばGUIのマウス操作だけでトレードが可能となった現在において、「自らコードを書く」という行為に、はたしてどれだけの価値があるのかと疑問に思う方も少なくないだろう。だが、このプロセスはゆめゆめ疎かにすべきではないのである。

私が知るある日本の大手資産運用会社は10年ほど前にファンドマネジャーやアナリストが自分でソースコードを書くことを禁止した。これは、各自がバラバラな仕様でプログラムを書くことに起因する混乱を避けることが目的で、当初の意図としてはこれで業務効率が向上するはずであった。だが、現実はそうはならなかった。自ら手を動かして行うコーディングを禁止されたことで、実務者は自分でモノゴトを考え実装する機会を奪われたのである。その結果、社員のITリテラシーや資産運用にかかわる実務能力はおぞましいレベルに低下した。実際、情報収集や分析は実質的にほとんど行われなくなり、個人が獲得できるインテリジェンスは桁違いに減少してしまった。

トレードや資産運用はそのスタイルにかかわらず、ある程度の知識を必要とする。その知識は経験と学習から生まれるが、すべてが明確な形式知で示されているわけではなく、自身の頭の中に暗黙知として蓄積されているものも少なくない。「自らコードを書く」という行為は、その暗黙知を形式知に転換し、そのあいまいさや誤りを正し、実際に使える形にしていくための、最も適した手段の１つなのである。専門家としての私たちは知識や技術を創造し、それを有効に利用する仕組みを持たなくてはならない。前述の資産運用会社にはこの視点が決定的に欠けていた。後悔しても今となってはもう取り返しがつかない。

本文中で著者の推奨するさまざまなツールを使いこなすことの意義は、単にトレード執行の効率化だけにあるのではない。本書は、己や他者の経験から学習し、トレード能力を高めていこうとする読者にとって、良きガイドブックになるだろう。便利なサービスが氾濫している現在にあっても、初心者こそ、ここから始めるべきだと私は思う。

最後に、翻訳にあたっては以下の方々にお礼を申し上げたい。山下恵美子氏は正確な翻訳を行っていただいた。そして阿部達郎氏には丁寧な編集・校正を行っていただいた。また、本書が発行される機会を得たのは、パンローリング社の後藤康徳社長のおかげである。

2019年11月

長岡半太郎

CONTENTS

第1部 アルゴトレードへの誘い――個人トレーダーがプロに勝つ方法

第2部　チャンピオントレーダーの奥義——41の仕掛けと11の手仕舞い

アルゴトレードへの誘い

―― 個人トレーダーがプロに勝つ方法

INTRODUCTION TO
ALGO TRADING
How Retail Traders can Successfully Compete with Professional Traders
by Kevin J. Davey

第1部

はじめに

土曜日の午前６時20分ほど待ち遠しい時間はない。これは毎朝、丸められたロサンゼルス・タイムズ紙がアパートの玄関のドアにドスンと投げ入れられる音がする時間だ。新聞は時には近くの木の茂みが両手を広げて（両枝を広げてと言うべきか）歓迎する日もあり、まったく来ない日もある。でも、その日は配達員が狙いを定めて投げたとでも思える日だった。その週の土曜日、新聞がドアにドスンと投げ入れられる音がした。音を聞いた途端、月曜日のトレードの準備をする時間がやってきたと心が踊った。

ベッドから飛び起きると、ドアを開けて新聞をひっつかみ、ビジネス欄を乱暴にめくった。私の欲しいデータは最後のほうのページにあった。じきに私を大金持ちにしてくれる（と私は思っていた）情報だ。それは前日のコモディティ価格だった。

もうお分かりかもしれないが、これはコンピューターが普及して日次データや日中データがものの数ストロークで入手できるずっと以前の話だ。すべての情報を新聞から取得するという、今では考えられないくらい古い時代のことだ。

とにかく、コモディティ価格を見渡して、ライブホッグの価格を見つけた（今では呼び名はリーンホッグに変わった）。私は期近の終値を紙に書き写した。紙には、日付、終値、４期間平均、９期間平均、14期間平均、シグナルを書く列を作成した（**図１**）。

平均は手動で計算した。当時はコンピューターなどなかった。そして、計算結果を私のルールと比較した。

- ９期間平均が14期間平均よりも大きい
- ４期間平均が９期間平均よりも大きい

図1　昔のアルゴトレードは手動だった！

JUNE 92　LIVE HOGS

DATE	CLOSE	4 AVG	9 AVG	14 AVG	SIGNAL?
3/2/1992	44.52				
3/3	44.35				
3/4	45 1				
3/5	45 17				
3/6	46.52	45.285			
3/9 Mon	46 52	45 827			
3/10	46.27	46 12			
3/11	46.1	46 352			
3/12	46 35	46 31			
3/13	46 17	46222	45.839		
3/16 Mon	46 25	46217	46.05		
3/17	46.1	46.217	46 161		
3/18	46 3	46205	46287		
3/19	46.25	46.225	46257	45.855	
3/20	46.35	46.25	46238	45.986	GO LONG!!

●終値が４期間平均を上に交差する

たったこれだけだ。すべてがイエスなら買いシグナルだ。月曜日、ライブホッグ１枚を成り行きで買おう。私は「シグナル」欄に「買い（GO LONG!!)」と記入して、このトレードを心に刻み付けた。

その週末、私は緊張しつつも興奮して夢見心地だった。私の初めてのコモディティトレードだ。

その当時は気づいていなかったが、私がやっていたのは「アルゴ」トレードだった。私は厳密なルールに従ってトレードしていた。これぞまさにアルゴトレードだ（**図２**）。

昔はトレーダーはこれをシステマティックトレード、メカニカルトレード、ルールベーストレードと呼んだ。数年前、「ボット」トレードという言葉が聞かれるようになったが、つい最近までアルゴリズム（アルゴ）という言葉を使う人はほとんどいなかった。でも、これらはす

図2　近代テクノロジーによるアルゴの買いシグナル

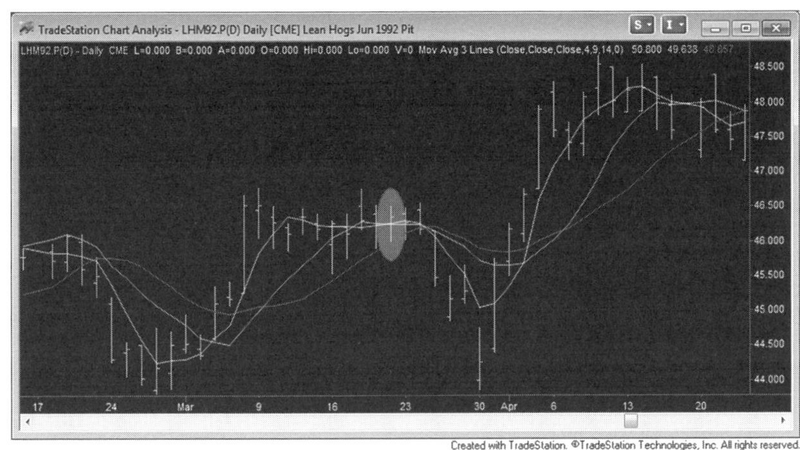

べて同じことを意味している。

したがって、だれかがメカニカル、システマティック、ルールベース、アルゴリズムという言葉を話しているのを聞いたら、すべて同じことだと思ってよい。これらはすべて、仕掛ける時期と手仕舞う時期を教えてくれる一連のルールを意味する。これらのルールはコンピューター化することもできるし、頭のなかに記憶することもできるし、私が大昔にやっていたように紙に書いてもよい。

本書の第1レッスン

アルゴトレード＝トレードするためのルール

本書にはこれ以外にもたくさんのレッスンが出てくる。すべてはあなたをアルゴトレードの世界にいざなうためのレッスンだ。このタイプのトレードは株式、ETF（上場投信）、FX、先物、オプションなどさまざまな投資対象に使える。アルゴリズムやアルゴという言葉を聞いてもビビることはない。本書ではアルゴトレードの基本について見ていく。

●アルゴトレードとは何で、アルゴトレードではないものは何か
●初心者から中級者のトレーダーのためのアルゴトレードの基礎
●アルゴトレードはあなたに向くのか
●アルゴトレードのメリット
●アルゴトレードのデメリット
●アルゴトレードを始めるには
●トレード用ソフトウェアプラットフォームの選び方
●プラットフォームの基本を学ぶ
●プラットフォーム言語でのプログラミングを学ぶ
●簡単なアルゴから始めてみよう
●アルゴトレードを成功させるためのアドバイス
●本書を読んだあと何をすればよいか

本書の目的はトレードの基礎を教えることではない。これについては多くの本が出回っているのでそちらを参照してもらいたい。本書はアルゴトレードを始めるにはどうすればよいかについて書いたもので、読者はトレードの基本はすでに分かっていることを前提としている。アルゴトレードは賢明な個人トレーダーがプロトレーダーと互角に戦うことを可能にしてくれるものだと私は思っている。

本書を読み終えるころには、アルゴトレードという言葉を聞いても恐れをなすことはなくなるはずだ。本書を読み終えるころには、基本も分かり、将来的に何をすればよいかについての計画もおおよそ出来上がっているはずだ。

それではアルゴトレードの旅に繰り出そう。

第1章

いろいろなタイプのトレード

THE DIFFERENT TYPES OF TRADING

「アルゴ」や「アルゴリズム」という言葉を聞くとおびえてしまうトレーダーは多い。コンピュータープログラムが暴走して無茶苦茶な売買を繰り返す――アルゴやアルゴリズムにはどうもこんなイメージがあるようだ。寝る前は口座はマルだったのに、ろくでなしのロボットアルゴリズムがたった１つのプログラムのバグによって一晩中売買を繰り返して口座を破産させていた（**図３**）。これは悪夢でしかない。

さらに悪いことに、ES（ＥミニS&P）を１枚だけトレードしたかったのに、朝、目が覚めてみると100枚トレードしている。

おそらくは悪夢に出てきたものの正体はヘッジファンドだろう。彼らは目にもとまらぬ速さで「キラーボット」アルゴを稼働させて、個人トレーダーたちの口座からお金を奪っていく。

トレーディングアルゴはこんなことを、あるいはもっと悪いことをやる可能性だってある。口座キラーのコンピューターコードについてはホラーストーリーがあふれている。こんな悪夢のような話は本当にあったのだ。しかし、正しく設計されたアルゴはフレンドリーでもある。

もちろん本書ではフレンドリーなアルゴに焦点を当てる。

アルゴの話をする前に、ほかのタイプのトレードを見ておくことにしよう。ほかのタイプのトレードを理解することで、アルゴとは、何

図３　トレードボットは暴走する？

なのか、何ができるのか、そしてもっと重要なことは、アルゴには何ができないのか、が分かってくるはずだ。

自由裁量トレード

個人トレーダーのほとんどは自由裁量トレーダーだ。自由裁量とは、トレードを仕掛けたり手仕舞ったりするのに人間の判断を基にトレードを行うことを意味する。

例えば、CNBCで話題になっている株の話を聞くと、すぐにその株を買うことを決める。これは自由裁量トレードだ。

また別のトレーダーは１日中あるチャートを見ている。このチャートにはインディケーター、トレンドライン、移動平均線などがびっしりと表示されている。あるいは、価格データだけのときもある。そのトレーダーが見たものすべてに基づいてトレードの意思決定をすれば、それは自由裁量トレードだ。

また別のトレーダーはDOMラダーのみを使っている。これはまだ執行されていない注文を価格とともに視覚的に表示してくれるツールだ。彼はこのツールを基にトレードしている。彼もまた自由裁量トレーダーだ。

その日の終わりにこれらのトレーダーに、なぜあるトレードは行ったのに、あるトレードは行わなかったのかと聞くと、「ヘッドライトに照らされたシカ」のような顔をして、「よく分からない、ただそれが正しいと感じただけ」とあいまいな返事が返ってくるだろう。

自由裁量トレーダーはルールを持っていたり持っていなかったり、ルールに従ったり従わなかったり、ルールの適用方法には一貫性がない。トレードが依拠するルールを説明できないことだってある。

少し前のことだが、「プライスアクション」のグルとトレードルームに一緒にいたことがある。彼は市場をライブで解説していた。それは次のようなものだった。「市場は弱含みだ。ほらここに売りのセットアップがあるだろう。これは私がいつも使うやつだ。だから売りの仕掛けを待っているんだ……待って……待って……いや、これは買いだ！あー、危ないところだった。かろうじて利益が出たって感じだね」

はぁ～？

これについて後日グルに聞いてみたところ、教科書に出てくるような売りの仕掛けだったものを、なぜ突然買いのスキャルピングトレードに変更して利益を出したのか分からないと言った。「それが正しいと感じたんだよね」と彼は言った。

そもそも彼はライブでトレードしていたのだろうか。これはまた別の話になるが……。重要なのは、彼はシミュレーショントレードと同じように、自由裁量でトレードしていたという点だ。

自由裁量トレードにはトレードの意思決定にある程度、人間の判断が含まれるということだ。それは直感かもしれないし、第六感かもしれないし、当てずっぽうかもしれない。しかし、自由裁量トレードではトレードの選択に定義できないもの、あるいは検証できないものが含まれているのが普通だ。

こういったトレードは間違っているように思える（だれが直感でトレードするだろうか）かもしれないし、魅力的に思えるかもしれない（自分の頭を使って意思決定しよう）。しかし、実際には多くの人が直感でトレードしている。もちろん成功する人もいるかもしれない。何も法律に反しているわけではない。

しかし、自由裁量トレードというのはアルゴトレードではない。

本書を読んでいるあなたは、おそらく自由裁量トレードを試してみて失敗した経験をお持ちだと推測する。でも、そんなことは気にする必要はない。私もおそらくはあなたと大差はないだろうから。私は良い自由裁量トレーダーであった試しがない。私がアルゴトレードを始めたのはまさにこれが主な理由だ。

アルゴトレード

アルゴトレードとは一口で言えば「ルール」を意味する。アルゴトレードとはルールにほかならない。自由裁量を含まず、人間の判断も含まない。これがアルゴトレードだ。

アルゴトレードはシンプルにすることもできるし、複雑にすることもできる。

ではどれくらいシンプルにできるのだろうか。以下に示すのは２行からなるシンプルな戦略だ（**図４**）。

If close < average close of last 5 bars, go long

If close > average close of last 5 bars, go short

（直近の５本の足の終値の平均が今日の終値よりも高ければ買う。直近の５本の足の終値の平均が今日の終値よりも安ければ売る）

この戦略は過去13年にわたってスリッページおよび手数料差し引き後の利益として９万2000ドル以上稼いできた。しかも、先物たった１枚でだ。そして、この戦略は買いでも売りでも利益を上げる。でも、そんなに興奮しないで。この数年はあまりうまくいっていないので（**図**

図4　シンプルなアルゴの売買シグナル

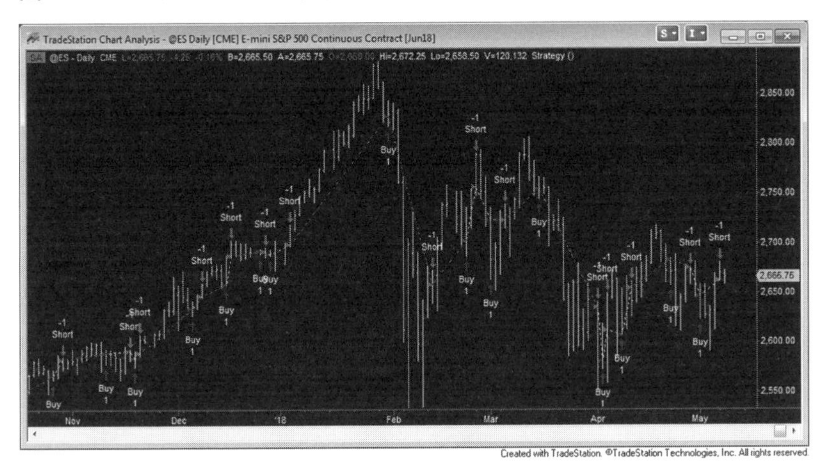

5、図6)。

これは非常にシンプルなアルゴだ。アルゴ戦略は複雑にしようと思えばいくらでも複雑にすることもできる。こうなるとロケットサイエンスの領域だ。

アルゴをトレードするときのポイントは2つある。

1. **検証可能**　ほとんどのアルゴは過去のデータを使って検証することができる。これはバックテストと呼ばれる。これはアルゴを作成するうえでの大きなメリットだ。これについては後述する。過去のデータを使って検証できないアルゴはシミュレーションモードでライブで検証することができる。ただし、これには注意が必要だ。バックテストするにしてもライブで検証するにしても、実際にお金を使ってトレードする前に、どれくらいのパフォーマンスであれば受容可能かを決めておくことができる。
2. **アルゴは厳密に定義することが可能**　アルゴが今日買いのセットアップを見つけたら、それは買えという合図だ。同じセットアッ

図5　シンプルなアルゴの資産曲線（一貫して利益を上げているわけではない）

資産曲線――EミニS&P500先物（2005/01/03 17:00～2018/05/08 17:00）

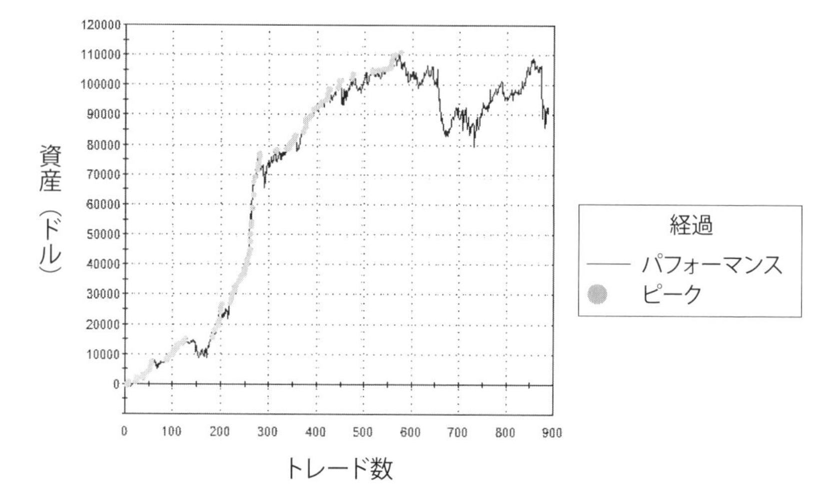

図6　典型的なアルゴのパフォーマンスリポート

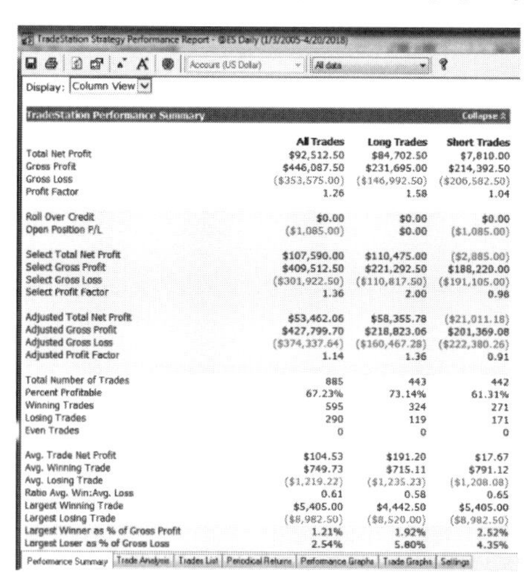
TradeStation Strategy Performance Report - @ES Daily (1/3/2005-4/20/2018)

Account (US Dollar)　All data

Display: Column View

TradeStation Performance Summary　Collapse

	All Trades	Long Trades	Short Trades
Total Net Profit	$92,512.50	$84,702.50	$7,810.00
Gross Profit	$446,087.50	$231,695.00	$214,392.50
Gross Loss	($353,575.00)	($146,992.50)	($206,582.50)
Profit Factor	1.26	1.58	1.04
Roll Over Credit	$0.00	$0.00	$0.00
Open Position P/L	($1,085.00)	$0.00	($1,085.00)
Select Total Net Profit	$107,590.00	$110,475.00	($2,885.00)
Select Gross Profit	$409,512.50	$221,292.50	$188,220.00
Select Gross Loss	($301,922.50)	($110,817.50)	($191,105.00)
Select Profit Factor	1.36	2.00	0.98
Adjusted Total Net Profit	$53,462.06	$58,355.78	($21,011.18)
Adjusted Gross Profit	$427,799.70	$218,823.06	$201,369.08
Adjusted Gross Loss	($374,337.64)	($160,467.28)	($222,380.26)
Adjusted Profit Factor	1.14	1.36	0.91
Total Number of Trades	885	443	442
Percent Profitable	67.23%	73.14%	61.31%
Winning Trades	595	324	271
Losing Trades	290	119	171
Even Trades	0	0	0
Avg. Trade Net Profit	$104.53	$191.20	$17.67
Avg. Winning Trade	$749.73	$715.11	$791.12
Avg. Losing Trade	($1,219.22)	($1,235.23)	($1,208.08)
Ratio Avg. Win:Avg. Loss	0.61	0.58	0.65
Largest Winning Trade	$5,405.00	$4,442.50	$5,405.00
Largest Losing Trade	($8,982.50)	($8,520.00)	($8,982.50)
Largest Winner as % of Gross Profit	1.21%	1.92%	2.52%
Largest Loser as % of Gross Loss	2.54%	5.80%	4.35%

Peformance Summay | Trade Analysis | Trades List | Periodical Returns | Peformance Graphs | Trade Graphs | Settings

プを明日見つけたら、再び買えという合図だ。アルゴは見つけるようにプログラミングされたものだけを見つける。FRB（連邦準備制度理事会）が何を考えていようと、ニュースが何を伝えていようと、ある銘柄が昨夜は買いだったとジム・クレーマーが叫んでいようと、そういったルールをアルゴにプログラミングしていないかぎり、アルゴは一切気にしない。アルゴはルールに忠実に従うだけだ。

トレーダーの間では「ブラックボックス」という特殊なタイプのアルゴの話がよく出る。ブラックボックスではルール（アルゴ）はトレーダーには隠されたままで、ただ仕掛けのシグナルや手仕舞いのシグナルが出てくるだけだ。これらのシグナルがどのようにして生成されたのかを知ることはできない。

こういったタイプのアルゴは魅力的には思えないかもしれないし、怖いという印象を与えるかもしれないが、この種のアプローチを好む人は多い。コンピューターコードを見ることができなければ干渉することもないからだ。

アルゴトレードの例

アルゴトレーダーにはどういう人がいるのだろうか。典型的な例を見てみよう。

●**自宅でトレードしている個人トレーダー**　彼はほかに仕事を持っているため、トレードは趣味としてやっている。彼は毎晩、最新価格をダウンロードして、手動またはコンピューターを使ってシグナルを算出し、ルールに基づいて注文を出す。日中はポジションをチェックできないこともあるが、注文は仕事時間以外の時間に出すので、毎日自分の戦略に従っていることを知っている。

- **トレードをフルタイムで行うプロップトレーダー**　彼は１日中仕掛けと手仕舞いを繰り返す。もちろんルールにのっとって行っている。ボスの抜き打ち検査があるためルールからそれることは絶対になく、厳密にルールに沿ってトレードする。
- **数学、統計学、物理学の博士たちが書いたヘッジファンドのコンピューターコード**　彼らが使っているコンピューターコードは５万行に及ぶこともあり、仕掛けから手仕舞い、ポジションサイズの計算、自動ロールオーバーなど、すべてのことをやってくれる。コンピューターコードが誤作動したときに備えてジュニアトレーダーが常に監視しているが、すべてを制御するのはコンピューターだ。戦略はマイクロ秒単位で実行（仕掛けや手仕舞いは目にもとまらぬ速さで行われる）される戦略から、数時間続くデイトレードや数週間続くスイングトレードまでいろいろだ。
- **標準的なプラットフォーム（トレードステーション）を使ってトレードを行うプロの個人トレーダー**　彼は戦略を作成したら、そのトレードをトレードステーションに自動的にトレードさせる。「自動化トレードは無人トレードを意味するものではない」というトレードステーションの言葉に従って、彼はポジションを細かく監視する。資金が十分にあり、戦略が十分に分散されていれば、無数の自動化戦略を実行することができる。

これらの人々がアルゴトレーダーと呼ばれるのは、彼らは仕掛けと手仕舞いを厳密なルールに従って行っているからである。ここが重要なのだが、彼らは100％ルールに従って行うトレーダーだ。厳密なルールがあれば、彼らはアプローチを過去のデータを使ってバックテストすることができる。アメリカの免責条項にもあるように、「過去のパフォーマンスは将来の結果を約束するものではない」が、トレードした戦略が過去にうまくいったことを知ることは良いことだ。
　といっても、多くのトレーダーは100％ルールに従うことはできない。そこで登場するのがハイブリッドトレードだ。

ハイブリッドトレード

　これまで自由裁量トレードとアルゴトレードについて見てきたが、ここでもう１つ別のタイプのトレードを紹介しよう。ハイブリッドトレードと呼ばれるものだ。
　ハイブリッドトレードとは、自由裁量トレードとアルゴトレードを組み合わせたものだ。例を見てみよう。

●仕掛けはテクニカルインディケーターとルールに従って行うが、手仕舞いはトレーダーの自由裁量で行う。
●仕掛けはトレーダーの判断で行われるが、手仕舞いはトレーダーが介入することなく自動化手仕舞い「ボット」によって行われる。
●仕掛けも手仕舞いもルールに従って行われるが、トレーダーの自由裁量がルールをくつがえすこともある。例えば、自然災害や人災が発生すると買いシグナルを無視することもある。あるいは、世界的に大きな出来事（ブレグジット、トランプが大統領に当選など）が起こる前にポジションをマルにすることもある。

　ハイブリッドトレードのメリットは、トレーダーの自由裁量の入る余地があることである。しかし、これはデメリットでもある。私自身のアルゴトレードで気づいたことが１つある。私のベストなアルゴトレードのいくつかは、「人間の判断」が嫌うトレードであることが判明した。もしこれらのトレードをハイブリッドトレードにしていれば、私はアルゴの判断のすべてを無視して機会を失っていただろう。

最後のセクションを読んで、あなたはおそらくは「プロトレーダーはどんなことをしているのだろう。私は彼らと戦うことはできるのか」という疑問を抱いたはずだ。これは良い疑問だ。プロは前述のメソッドをすべて使ってトレードしている。トレードを真剣に考えれば彼らと戦うことはできる。「１日のトレード時間は15分」タイプのシステムで彼らに対抗することはできない。彼らと戦うには最善を尽くすことが重要だ。

これまでいろいろなタイプのトレードを見てきたが、あなたに向くトレードを見極めるのは難しい。本書では良いアルゴトレーダーになるための特性や特質について議論するが、これはあなたがすでに自分の進むべき道はアルゴトレードだと決めていることが前提となる。どっちつかずの人は本書を読み進めてほしい。本書を読み終えたら、おそらくは自分の進むべき道はおのずと分かってくるはずだ。

第2章
アルゴトレードの基本
ALGO TRADING BASICS

「ルールは破られるためにあるものだと私は思っている」――ロバート・エバンス（映画プロデューサー。彼はおそらくはトレーダーとして成功することはできないだろう）

初心者であろうと、中級者のトレーダーであろうと、プロであろうと、トレードするときは必ずルールに従っている。ルールは日ごと、時間ごとに変わることがあるため、ルールだと認識していないかもしれないが、ルールは必ず存在する。仕掛けたり手仕舞ったりするとき、何を基にそれを決めるだろうか。ルールに基づいて決めるはずだ。つまり、ルールとは意思決定プロセスなのである。支離滅裂なルールかもしれないが、ルールは必ずある。あなたのルールは、「破られるためにある」ものかもしれないが、ルールは必ず存在する。

●例えば、CNBCの間抜けなおしゃべり頭が「この株が買いだ！」と叫んで、あなたが彼の推奨に従って買ったとすると、そのときの「ルール」は、「おしゃべり頭が買えと言ったら、あなたは買う」だ。
●いとこが耳寄り情報があると電話してくる。そのときの「ルール」は、「クレイジーないとこがインサイダー情報があると電話してきたら、彼の最も最近のアドバイスが利益を生んでいたら、あなたは買う」だ。
●テクニカルインディケーターを使っているときの「ルール」は、「価格が20期間平均を上回り、RSI（相対力指数）が20を下回っていれば、売る」だ。

ルールに終わりはない。売買ルールは無数に存在する。しかし、ルールを紙に書いて、厳密に従い、人間の判断や自由裁量を一切含めなければ、それらのルールはアルゴリズムに変換することができる。

典型的な「アルゴ」の中身

それでは典型的なアルゴの要素を見ていくことにしよう。簡単な英語とトレードステーションのイージーランゲージ（EL）で書かれた簡単な例をいくつか紹介する。

買いの仕掛け

これはアルゴに含めるべき絶対的な必須事項だ――買いをどのように仕掛けるのか。仕掛けるには判断基準が必要だ。

簡単なモメンタムタイプの仕掛けの例を見てみよう。

疑似コード

現在の足の終値が５本前の足の終値を上回ったら、次の足の寄り付きで買う

イージーランゲージコード

```
if close>close[5] then buy next bar at market;
```

売りの仕掛け

株式をトレードしているときは空売りはしたくないかもしれない（https://www.investopedia.com/terms/s/shortselling.asp）。しかし、先物やFXでは価格の下落を見込んで売りたいこともあるはずだ。その場合に必要となるのが売りのルールだ。

このルールは買いのルールと逆の場合もあれば、まったく違ったものになる場合もある。自分のアルゴリズムを作成するときの良い点は、どんなふうにでも設定できる点だ。アルゴをあなたの好みに従ってカスタマイズできることは隠れた利点だ。ほかのだれかが作成した戦略のルールに従うよりも、自分で作成した戦略のルールに従ったほうが簡単だ。忘れてはならないのは、良いアルゴトレードとは「ルールに従う」ことを意味するということである。

売りの仕掛けの例は、単純移動平均線の交差を使ったものだ。

疑似コード

現在の足の終値が7期間移動平均線を下に交差したら、次の足の寄り付きで売る

イージーランゲージコード

```
if close crosses below average(close,7) then sell short next bar at market;
```

買いポジションの手仕舞い

買いの仕掛けルールがあるのであれば、買いポジションの手仕舞いルールも必要なのは明らかだ。手仕舞いは現在のポジションの損益（次の項目にある「損切り」と「利益目標」を参照）、またはテクニカルインディケーター、チャートパターンなどに基づく。つまり、買いポジションを手仕舞えという引き金だ。

買いポジションの手仕舞いの例はチャートパターンを使った例だ。2回続けて終値が前の足よりも下落して引けたら手仕舞う。

疑似コード

現在の足の終値が前の足の終値を下回り、前の足の終値がその前の

足（２本前の足）の終値を下回ったら、次の足の寄り付きで買いポジションを手仕舞う

イージーランゲージコード

```
if close<close[1] and close[1]<close[2] then sell next bar at market;
```

売りポジションの手仕舞い

売りの仕掛けルールがあるのであれば、売りポジションの手仕舞いルールも必要だ。

この売りポジションの手仕舞いの例では、毎週木曜日に手仕舞う。

疑似コード

今日が木曜日なら次の足の寄り付きで売りポジションを手仕舞う

イージーランゲージコード

```
dayofweek(Date)=4 then buytocover next bar at market;
```

ドテン

上記に述べた買いと売りの手仕舞いの場合、現在のポジションはクローズされてポジションはマルになる。しかし、ポジションを反転させたいときはどうすればよいだろうか。例えば今買っているとして、一定の条件が満たされたときに買いを手仕舞って、同時に売りたいときはどうすればよいだろうか。

この例は、安値が更新されたら買いポジションを手仕舞って、売りポジションを建てる例だ。

疑似コード

現在の足の安値が直近12本の足の最安値の場合、次の足の寄り付きで買いを手仕舞って、同時に売る

イージーランゲージコード

```
if low=lowest(low,12) then sellshort next bar at market;
```

損切り

ほとんどのアルゴトレーダーは価格が逆行したときに備えて自分を保護する。ある時点になったら、テクニカルインディケーターがどうであれ、チャートパターンがどうであれ、用いた仕掛けシグナルが何を言ってこようと、手仕舞ったほうがよいときがある。そのためには簡単な損切りを使えばよい。

疑似コード

ポジションの損失が500ドルになったら、ポジションを手仕舞う

イージーランゲージコード

```
SetStopLoss(500);
```

利益目標

損切りと同じように、価格が順行しているときに手仕舞いたい場合もある。利益が一定水準に達したら手仕舞うのがこのケースだ。

疑似コード

ポジションの利益が2500ドルになったら、ポジションを手仕舞う

イージーランゲージコード

```
SetProfitTarget(2500);
```

ポジションサイジング

オプション機能として、アルゴリズムに何株、あるいは何枚売買するかを決めさせることができる。これをポジションサイジングと言う。これはこれだけで1冊の本になるほどの内容だ。よくあるポジションサイジングテクニックには、固定リスクポジションサイジング、固定比率ポジションサイジング、「資産Yドルにつき X 枚トレードする」というものがある。「資産Yドルにつき X 枚トレードする」ポジションサイジングの例を見てみよう。

疑似コード

現在資産1万ドルにつき1枚トレードする（現在資産は当初資産＋利益）

イージーランゲージコード

```
ncons = int((startingequity+NetProfit)/10000);
buy ncons contracts next bar at market;
```

注文の種類

あなたのアルゴリズムで出せる注文の種類はトレードプラットフォームによって異なる。最もよく使われる注文は、成り行き、逆指値、指値の3つだ。

イージーランゲージコード

```
//Market order
Buy Next Bar At Market;

//Stop Order
```

Sell Next Bar at XXXX stop; //where XXXX=price you want to exit at, below the current market price

//Limit Order
Sell Next Bar at XXXX limit; //where XXXX=price you want to exit at, above the current market price

大口注文執行アルゴ

これまでに述べてきたアルゴの要素はすべて個人トレーダーが使うことが可能だ。大手プロトレーダーは独自のアルゴを持っているが、これについては聞いたことがあるはずだ。このアルゴにはさまざまな「執行」アルゴ（大量トレードする方法）が含まれる。例えば、ＥミニS&P先物を1000枚トレードするとき、1000枚の成り行き注文を出しても適切には執行されない。こういった大量の注文は市場を混乱させ、平均執行価格も悪くなる。このような場合の注文は小分けする必要があり、ある程度の時間をかけて執行するか、特定の価格付近で執行する必要がある。

個人トレーダーのあなたにはこういったアルゴは必要ではないが、存在することだけは覚えておいてもらいたい。

高度なアルゴ

これまでの例では、１つのアルゴをトレードすることを前提としている。しかし、アルゴが10、20、あるいはそれ以上ある場合はどうなるのだろうか。

アルゴがたくさんある場合、１つひとつのアルゴをプログラミングしたら、それらを単独のアルゴとして扱うか、相互作用できるものとして扱う。異なるアルゴから発生する未決済ポジションの数を限定したい場合もあるだろうし、ポジションサイジングをすべてのアルゴのそれまでの利益に基づいて決めたい場合もあるだろう。可能性は無限にあり、本書の範囲を超えるが、１つのアルゴに拡張機能を与えるアルゴがあることを理解しておいてもらいたい。

多くのトレーダーは物事をシンプルにするために、各アルゴをそれぞれ別々に扱い、外部分析（おそらくはエクセルで）を使ってこれらのアルゴをポートフォリオに取り込み、正しいリスクイクスポージャー、正しいポジションサイジングなどを決める。これはアルゴトレードの初心者は気にしなくても構わないが、こういったものがあることだけは覚えておいてもらいたい。

すべての要素をまとめてみよう

それではアルゴの簡単な例を見てみよう。このアルゴでは買いと売りを行い、損切りと利益目標を設定し、ドテンまたはマルにする。このアルゴには簡単なポジションサイジングも含まれる。このアルゴは推奨するものではない（なぜなら、このアルゴはまだ検証しておらず、お金を稼ぐことができるものかどうか確認できていないため）が、トレードプラットフォームに入力してトレードを始めることは可能だ。

イージーランゲージコード

```
Input: StartingCapital (10000);
Var: Ncons(1);
//position sizing calculation
Ncons=Round(((StartingCapital+NetProfit)/10000),0);
//long and short entries, will stop and reverse
If close>close[5] then buy Ncons contracts next bar at
```

```
market;
  If close<close[5] then sellshort Ncons contracts next bar at
market;
  //long and short technical type exits
  If close=lowest(close,3) then sell next bar at market;
  If close=highest(close,3) then buytocover next bar at market;
  //standard dollar based stop loss and profit target
  Setstopcontract;
  SetStopLoss(500);
  SetProfitTarget(2000);
```

第3章

アルゴトレードはあなたに向くのか

IS ALGOTRADING FOR YOU?

「経験はいくらあっても十分ということはない」
「あなたはその仕事に合わないだけ」
「あなたはこのポジションや私たちの会社に合わないかもしれない」

職探しをしたことがある人なら、雇用主から上のような言葉を聞いたことがあるはずだ。問題は、あなたが能力を発揮する前に、彼らの言っていることが本当かどうかをどうやって確かめることができるかである。

アルゴトレードも同じだが、違いはアルゴトレードがあなたに合っているかどうかは最終的には分かってくるという点だ。しかし残念ながら、市場があなたの口座からお金をすべて奪い去るまではそれは分からない。

本章ではアルゴトレードがあなたに合っているかどうかを知るための方法を見ていく。

このあと、アルゴトレードを始めるに当たって必要な経験をあなたが取得するのを手助けする。やるべきことはいろいろがあるが、とにかくあなたは正しい道に沿って進むことができる。

その前に、アルゴトレードがあなたに向くかどうか、アルゴトレードがあなたの性格に合ったものであるかどうかを知る必要がある。本章では、アルゴトレーダーとして成功するために必要な性格について見ていく。

忘れてはならないのは、あなたは個人トレーダーであること、そしてトレードの世界はプロの「サメ」たちがうようよしているということである。彼らに対抗するには、まずはアルゴトレードがあなたに合っているかどうかを知ることが重要だ。本章はそれを知るうえで重要な章になる。

まずは紙と鉛筆を用意して、私がリストアップした性格を書き出し、それぞれの性格に対して自分をランク付けする。そうすればアルゴトレードがあなたに向くかどうかはすぐに分かる。

分析的思考

科学者はこの世には２つのタイプの人がいると言う。左脳人間と右脳人間だ。左脳人間の人は分析的で、数字指向の人が多い。医者、弁護士、会計士、科学者、エンジニア、コンピュータープログラマーなどがこの部類に含まれる。ルールはこのタイプの人々にとっては魅力的だ。

一方、右脳人間は自由思考の人が多い。芸術家、音楽家、セールスマン、マーケターなど「ソフトスキル」を備えた人がこの部類に含まれる。

どちらのタイプの人も世界には欠かせない。モネのような芸術家のいない世界を想像してみてほしい。ベートーベンのような作曲家やアインシュタインのような才気あふれた論理的思考家がいなかったらこの世はどうなるだろうか。どちらのタイプの人が欠けてもこの世は悲しい世界になるだろう。

トレードでは、左脳人間の人がうまくいく分野と、右脳人間の人がうまくいく分野がある。右脳人間タイプのトレーダーは視覚を使ったチャートトレードや自由裁量トレードがうまくいく。私がこれまでに一緒に働いてきたアルゴトレーダーのほとんどは左脳人間タイプの人だ。これまで長年にわたって医者や科学者とともにアルゴを開発してきたが、芸術家はあまりいなかった。

ちょっと単純化しすぎたきらいはあるが、一般に、分析的思考の左脳人間タイプの人のほうがアルゴトレードには向く傾向があり、アルゴトレードで成功するのもこのタイプの人が多い。

あなたが分析的思考の左脳人間なら、１点挙げよう。

支配欲が強い

少し前、あるトレーダーとコーヒーショップで話をした。彼は翌週、FXのシステムを稼動させることになっていた。何年にもわたるバックテストをした結果、好ましい結果を得て、100％定義のしっかりとしたルールも作成し、すべてのセットアップを自動化した。

１週間後、どうなったか彼に聞いてみた。彼は5000ドル口座で最初の週は500ドル儲かったと言った。すごいじゃないか、と私は言った。ところが彼は頭を横に振り、きまり悪そうに、「そうでもないんだ。１週間の間、システムを何回かオンにしたりオフにしたりしたんだ。もしオンにしたままにしておけば、2500ドル儲かってたはずなんだけどね」

彼は典型的なコントロールフリークだった。何から何まで自分でコントロールしないと気がすまない人物だったのだ。でも、彼のような人は珍しくはない。

多くのトレーダーは、何かが正しくないと感じたら即座に仕掛けたり手仕舞ったりできるように、「ボタンの上に指を置いておく」傾向がある。コンピューターに仕掛けや手仕舞いをすべて任せるという考えはこうした人々には受け入れがたいものなのだ。彼らはすべてのトレードを自分でコントロールしたいのだ。

トレード以外の例を見てみよう。その一例が「ヘリコプターペアレント」だ。年齢にかかわらず子供につきまとい、何かあれば即座に急降下して子供を助ける。学校や職場にメールして異議を申し立てるヘ

図７　バックテストであなたが目指しているものはこんな直線？（「ノー」が正しい答え）

資産曲線――原油先物５分足（2018/01/28 18:05～2018/05/08 09:20）

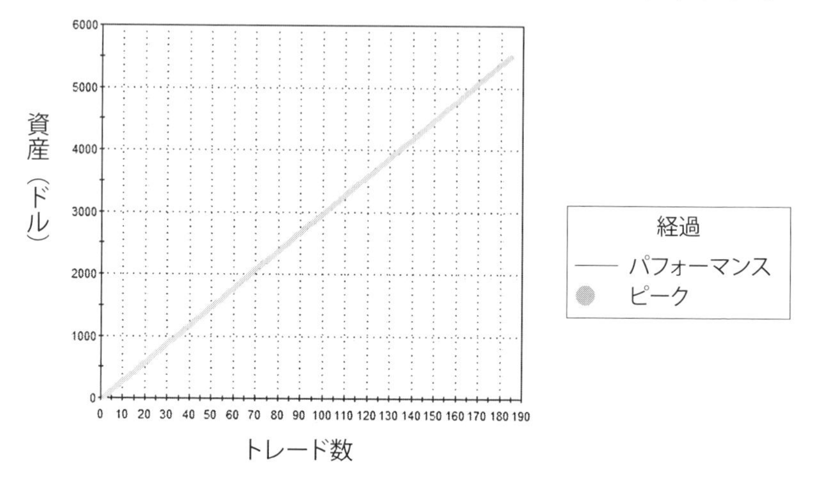

リコプターペアレントの話を聞いたこともある。彼らは何が何でも自分でコントロールしたがるコントロールフリークの典型だ。

一方、アルゴトレードではすべての権限を解放することになる。トレード戦略を準備して検証してセットアップするが、そのときが来たら、バックテストで検証されたアルゴリズムに仕事を任せる。これは特に最初は難しいかもしれないが、正しいアルゴトレードにとっては不可欠なことだ。

コントロールフリークでない人は、１点挙げよう。

修理屋、完全主義者

あなたは常に正しく、完璧であろうとするタイプの人だろうか。これは学校や分析的タイプの仕事にとっては素晴らしい特性だ。でも、トレードではアダになる。

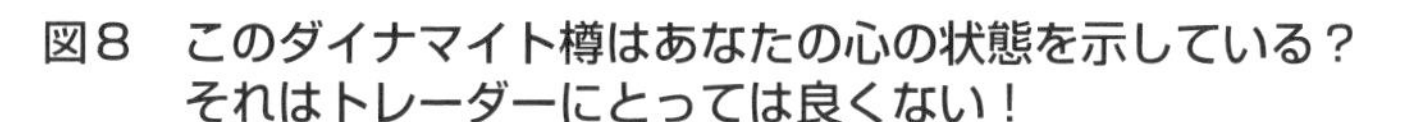

図8　このダイナマイト樽はあなたの心の状態を示している？
それはトレーダーにとっては良くない！

これはなぜだろう。完璧なトレードのために素晴らしく見えるバックテスト結果を求めてはいけないのはなぜなのだろうか。

完璧を求めてトレードアルゴリズムをバックテストが完璧な結果を示すまでいじり回すのは絶対にやってはいけないことだ（図7）。検証を続ければ、もっと良い結果を得ることができると考えるのは自分をだますことと同じだ（ちょっとばかりコントロールフリークに似ていると思わないだろうか？）。

しかし、最良のトレーダーは必要なだけのバックテストしかしない。完璧を求めても無理だと分かっているので、彼らは完璧を求めようとはしない。

トレード以外のことを考えてみよう。常に完璧を目指したり、常に物事を改善しようとするのは、警告シグナルだ。完全主義者や修理屋でない人は１点あげよう。

感情的な人

生まれつき非常に興奮しやすい人がいる。彼らは大声で歓喜し、大声でブーイングし、心の内を露骨に表す。彼らの問題がどこにあるかもうすでにお分かりだろう（図8）。

一方、プレッシャーをかけられても落ち着き、イラ立つこともなく、何があっても高揚することも落ち込むこともない人がいる。

あなたはどちらのタイプだろうか。自分はいつも穏やかでクールで冷静だと思う人は2点挙げよう。これはアルゴトレードには欠かせない性格だ。

忍耐強い人

グーグルで「trading system quick wealth」（すぐに大金持ちになれるトレードシステム）と検索してみよう。200万以上がヒットするはずだ。

次に「trading system slow wealth」（すぐには大金持ちになれないトレードシステム）と検索してみよう。30万ほどしかヒットしないはずだ。

ほとんどの人はすぐに大金持ちになりたいと思っているのは明らかだ。要するに、人は待つのが嫌なのだ。しかし、待つことと忍耐力はトレードで成功するうえで極めて重要な要素だ。アルゴトレードを始めた最初の週は10個程度のアルゴリズムさえ作れない。あなたのアルゴは一晩であなたを大金持ちにしてくれることはない。

良いトレードとは待つことを意味する。トレードがうまくいくまで待ち、戦略がうまくいくまで待つことが重要だ。新しい戦略を試してみて、損をしたので1週間でその戦略をお払い箱にしたことはないだろうか。あなたの戦略は本当に役立たずだったかもしれないが、もしかしたら不運な週だっただけかもしれないのだ。

トレードを長い徒競走と考えてみよう。全速力で走りだすランナーが多い。正しい準備運動をしなかったためにハムストリング筋を無理に伸ばして痛める人もいるだろう。最初は大きくリードしていても、そ

図9　塗り絵をどのように塗る？

れは100メートル走ではなくて42.195キロのフルマラソンであることをすぐに認識する人もいるだろう。

トレードはマラソンと同じだ。時間をかけて、辛抱強くゆっくりと行うことだ。「ローマは１日にして成らず」と言うではないか。物事をゆっくり行うことができる人は１点挙げよう。

ルールに従う人

塗り絵を塗っている小さな子供を見たことがあるだろうか。ラインからはみ出ないようにきれいに塗る子もいれば、ラインは単なるガイドラインと見て自分の好きなように塗る子もいる。でも、どちらの子も最後には素晴らしい傑作に仕上げる（**図9**）。

少し前に左脳人間と右脳人間についての話をした。ルールに従う人は左脳人間が多いが、必ずしも左脳思考というわけではない。

良いアルゴトレーダーはルールに従う傾向が高い。自分をルールに従う人だと思う人は１点挙げよう。

フラストレーションを感じやすい人

私には３人の子供がいるが、どの子も同じように才能がある。しかし、スポーツに関しては一番下の子は苦手だ。これのどこが問題なのかというと、彼はフラストレーションを感じやすい。行く手に障害が現れると、ふくれっ面をし、かんしゃくを起こして、すぐにあきらめてしまう。

彼がアルゴトレーダーになるとひどいトレーダーになるだろう。少なくとも今のところは。

あなたはどれくらいフラストレーションをためないでいられるだろうか。アルゴ戦略の開発はフラストレーションのたまる作業だ。挫折、障害、フラストレーションを処理できなければ困ったことになるだろう。アルゴトレードシステムの開発は簡単なものではない。簡単だったらだれもがやるだろう。

フラストレーションを簡単に乗り越えられると思う人は２点挙げよう。

プロセス指向の実践家

今あなたは戦略をどう評価しているだろうか。いつも同じステップを踏んで同じように評価しているだろうか。もしそうなら１点挙げよう。アルゴトレーダーにとって決められたプロセスに従うことは重要だ。

一方、トレード戦略を作成して検証するためのプロセス、実際のトレードプロセス、トレード結果を分析するためのプロセスなどどんなプロセスでもよいが、そういったプロセスを持っていない人はポイントはゼロだ。

良いアルゴトレーダーはプロセス指向の人が多い。彼らは常に自分の市場アプローチに従い、トレード方法にも一貫性がある。

図10　品質改善のためのPDCAサイクル

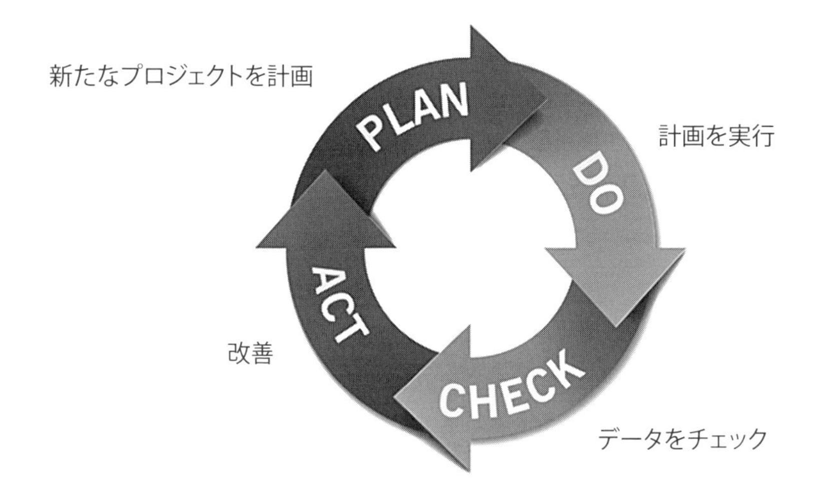

これがなぜ重要なのだろうか。簡単に言えば、トレードするに際して唯一の正しい方法はないが、間違った方法はたくさんある、ということである。一貫性を持ったプロセス指向のトレーダーは物事の途中でも簡単に修正・調整することができる。

図10のような品質管理の世界ではこれは「Plan Do Check Act」（PDCA。計画・実行・評価・改善）サイクルと呼ばれている。改善の段階では、トレーダーは自分のやっていることを改善する方法を見つける。決められたプロセスがないときに変更するのがいかに難しいかを想像してみてほしい（実際にはこれは不可能。改善するにはプロセスを持つことが重要）。

プロセス指向だと思う人は１点挙げよう。

合計点

性格テストはどうだっただろうか。最高点は10点だ。

- ９点～10点　おめでとう！　あなたはアルゴトレードに必要なスキルと特質を備えている。
- ６点～８点　あと少しでアルゴトレーダーになれるが、まだそのレベルには達していない。時間をかけて、自分に足りない部分を補強しよう。
- ５点以下　一歩下がって今の状況を再評価してみよう。アルゴトレードはあなたが本当にやりたいことなのだろうか。アルゴトレードはだれにでも向くものではない。多くの時間とお金をムダにするよりも、あなたの性格がアルゴトレードに向かないことが今分かったほうがはるかによい。何回も言うようだが、アルゴトレードはだれにでも向くものではない。したがって、あなたの性格がアルゴトレードに合わないと思ったら、ほかの方法でトレードすることをお勧めする。

良い知らせ

どうしてもアルゴトレードをやりたい人は、少し努力すれば負債を資産に変えることができる。例えば、トレードを行ううえでのプロセスを持っていないのであれば、それを作成し、そしてこれが最も重要なのだが、それに従う。またフラストレーションを感じやすい人、感情的なダイナマイト樽タイプの人は、まずその性格を変えることが先決だ。これには時間がかかるかもしれないが、アルゴトレードのことを考える前に、少し時間を取って自分を鍛えよう。性格テストで９点から10点取れるようになったら、アルゴトレードのいろいろなメリットを享受する準備が整ったことになる。

第4章

アルゴトレードのメリット

THE MANY ADVANTAGES OF ALGO TRADING

ここまで来れば、アルゴトレードとは何なのかや、アルゴトレードではないものについてはおおよそのことは分かってきたはずだ。でもまだ、「なぜアルゴトレードなのか？」と思っているはずだ。本章は個人アルゴトレーダーにとってのメリットについて考えてみる。

メリット1――疑わしいトレードを正しいトレードに見せかけるペテン師の出る幕はない

数年前、「トレードのグル」と呼ばれる人物のウェビナーに出席した。彼が実際にトレードしていたかどうかは疑わしいので、今では彼のことをトレーダーとさえ思っていないが、その人物はいわゆるトレンドライントレードのエキスパートと呼ばれていた。

トレンドライントレードという言葉を知らない人のために説明しておくと、これは価格チャート上にラインを引いて大きなトレンドをとらえるというものだ。価格がトレンドラインに到達したあと再び元の方向に戻るときと、価格がトレンドラインに到達したあとそれをブレイクするときが特に重要だ。前者をトレンドラインが「尊重された」と言い、後者をトレンドラインが「拒絶された」と言う。両方とも意味がある。

図11　「グル」のトレンドラインによるトレード

　これはそういったアプローチの有効性云々の話ではない。ランダムに引かれたラインも時には重要性を示すこともある。ここで私が言いたいのは、これは多くの人が使っているトレード手法だということである。トレンドラインを使う人は自由裁量トレーダーである傾向が高いが、トレンドラインはトレードシグナルに影響を与える要素（トレーダーの判断を含め）の１つにすぎない。彼らは確かにルールを持っているが、ルールは時としてあいまいなこともある。これはアルゴトレードではご法度だ。

　とにかく、ウェビナーの途中でプレゼンターは**図11**のようなチャートを示した。

「この例を見てください」とたわ言を並び立てるプレゼンターは説明を始めた。「これぞまさにトレンドライントレードの素晴らしさと完璧さを示しています。完璧な仕掛け、完璧な手仕舞い、損切りに達する危険もなく、大きな利益を得られる。本当に素晴らしいトレードです。私の教えに従えば、もっともっとたくさんの例を紹介しましょう」

図12　後知恵バイアスによって素晴らしく見えるトレンドラインが描かれる

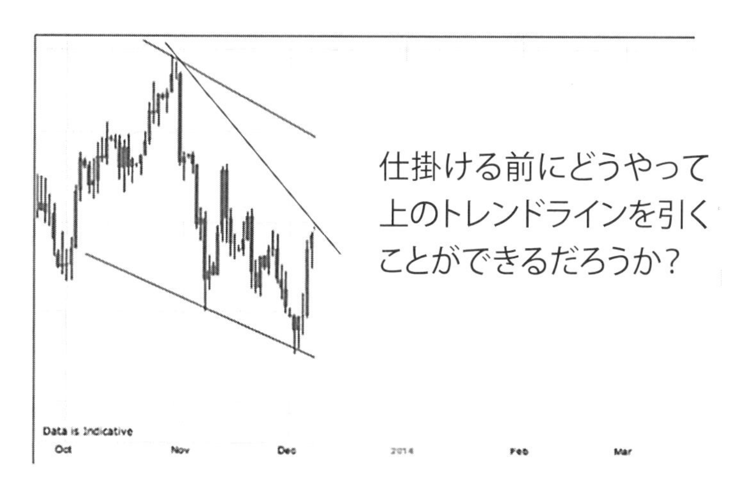

これは表面上は確かに素晴らしいトレードだ。その部屋にいたほとんどの人はそれにまんまとだまされてしまい、「トレンドラインの秘訣」とやらに何千ドルもの大金をポンと出してしまいそうな雰囲気だった。

しかし、そのグルと呼ばれる人物は実際にはペテン師だった。ペテン師は空想上のフェイクトレードを見せたのだ。これをどう説明すればよいだろうか。この「トレード」をもう少し詳しく見てみることにしよう。

まず、このトレード――これをトレードと呼べるのなら――は純粋に後知恵バイアスの結果を示すものだ。チャートが完成したあと、後戻りして良く見えるトレードを選んだだけである。これほど簡単なことがあろうか。しかし、一度見たら記憶を消すことは難しい。

図12の仕掛けを見てみよう。上のトレンドラインにほぼ達したところで仕掛けている。だから良さそうに見える。しかし、そもそも上のトレンドラインはどのようにして引いたのだろうか。仕掛けの数本前

図13 「トレンドラインには達していない」仕掛け

の足では、正しいトレンドラインは上のラインではなくて、もっと急な中央のラインになっていたはずだ。仕掛けが発生する前に上のトレンドラインを引くことなどできるはずがない。だれがこんなトレードができるだろうか（だれもできやしない）。

これがペテン師の最初のごまかしだ――後知恵バイアス。

しかし、トレーダーを装うこの男のごまかしはこれでは終わらない。後知恵バイアスによって不適切に引かれたトレンドラインが正しいと仮定して、仕掛けをじっくり見てみよう。仕掛けポイントでは価格はトレンドラインに到達していないことに注意しよう。つまり、これは幻の仕掛けということになる。これを仕掛けとみなすには、価格はトレンドラインにどれくらい近づいていないといけないのだろうか（**図13**）。

ごまかしその２は、価格がトレンドラインに「十分に近い」仕掛けを有効とみなすことである。こんなことはコンピューターで検証したアルゴでは絶対にあり得ない。

図14　間違った下のトレンドラインによって手仕舞いポイントが変わる

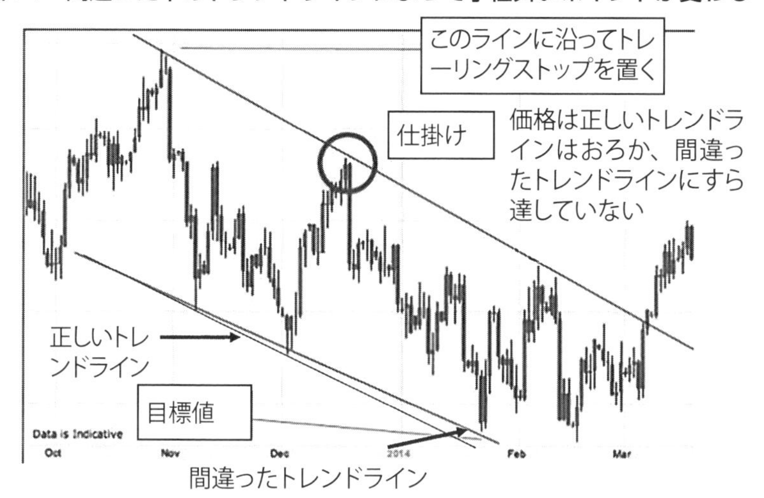

トレンドラインをごまかし、仕掛けをごまかしたグルが、正しく手仕舞ったなんてことが考えられるだろうか。とにかく見てみよう（**図14**）。

ここまで来ればもう驚くことはないが、グルは下のトレンドラインを正しく引いていないため、トレードは利益を出したかに見える。しかし、トレンドラインを正しく引けば（**図14**の一番下のトレンドライン）、利益目標には達していない。

これがペテン師の３番目のごまかしだ——間違ったトレンドラインを引いて、利益を出して手仕舞ったかに見せる。

ペテン師の完璧なトレードは、間違ったトレンドライン、間違った仕掛け、間違った手仕舞い以外の何物でもない。つまり、まったくのでたらめというわけである。

なぜこれがアルゴトレードにとって重要なのだろうか。アルゴトレードでは、ルールはプログラミングされ、正確に検証することができる。幻のトレードも、「十分に近い」トレードも出る幕はない。アルゴ戦略のルールは明確で、結果にもあいまいさはない。パフォーマンスリポートは冷酷なほどに正直で、けっしてウソはつかない。

ペテン師のトレード講師たち（ごまんといる）がアルゴトレードを嫌うのはこういうわけなのである。彼らが素晴らしいと謳うテクニックを正しく検証すれば、悲惨な結果が待ち受けているだけだ。

メリット2――バックテストを通して自信を高めることができる

ペテン師のアプローチの不正が正しい検証によって明らかになるように、バックテストはあなたの戦略にとって大いに役立つ。これは大きなメリットだ。特定の戦略をトレードする前にあなたの持っている選択肢について考えてみよう。

A．だれかが「この戦略は素晴らしい」と言った戦略をトレードする
B．検証はしていないが利益が出ると思われる戦略をトレードする
C．検証によって過去に損失を出したことが判明した戦略をトレードする
D．検証によって過去に利益を出したことが判明した戦略をトレードする

これは聞くのがバカバカしいと思えるくらい簡単な質問に思えるが、現実世界では最初の3つの選択肢を選ぶ人が多いことに驚くだろう。それでは1つずつ見てみよう。

A．だれかが「この戦略は素晴らしい」と言った戦略をトレードする

これは最も一般的なアプローチだ。グルが彼の戦略がいかに素晴らしいものであるかをあなたに言う。それを証明するために過去の資産曲線を見せたりする。おそらくその戦略は本や雑誌から抜き取ったものだろう。あるいは戦略そのものは秘密にし、結果のシグナルだけがチャットルームやトレードルームで提示される。

本やトレード雑誌で見るような戦略なら、示される結果は必ず良いはずだ。損をするようなトレード戦略を紹介している雑誌をだれが買うだろうか。だれも買わない。雑誌に記事を投稿する人は彼らの戦略が利益を出すことを示すためなら何だってやる。しかし残念ながら、そんな戦略のリアルタイムのパフォーマンスはひどいものだ。なぜなら、彼らの戦略は偽りに基づいて開発されたものだからだ。

この選択肢を選んだ多くの人は、自分の手を汚すことなく検証を他人に依存することになる。要するに、「額に汗して稼いだお金を他人の言葉だけで判断してリスクにさらすつもりなのか」ということである。

B．検証はしていないが利益が出ると思われる戦略をトレードする

利益が出るか出ないか分からないような戦略をトレードするなんてクレイジーだ。例えば、株価は上昇しているという理論に基づいて52週の高値に達した銘柄を買うといったような場合がこれに当たる。もちろんそれは妥当な理論かもしれないが、それが本当かどうかはだれにも分からない。まずは検証すべきではないだろうか。

C．検証によって過去に損失を出したことが判明した戦略をトレードする

いよいよ３つ目の選択肢だが、何か良いものに近づきそうな雰囲気

だ。戦略を過去のデータを使って検証すると、うまくいくことが分かる。そんな戦略ならよいが、多くの人はまずその戦略は損を出すことを知る。その次に彼らがやることは、その結果を無視する。何ともクレイジーだが、多くの人は持論を持っている。だから、バックテストの結果がどうであれ、その戦略は有効だと決めつける。

D．検証によって過去に利益を出したことが判明した戦略をトレードする

　この最後の選択肢こそが選ぶべき選択肢で、アルゴでやるべきことはこれだ。アルゴを作成し、それをトレードプラットフォームでプログラミング（プログラミングも検証も手動で行えるが、大変な作業になる）し、過去のデータで検証（バックテスト）する。利益の出る戦略ならトレードし、利益の出ないものなら捨てて、別の戦略を作成する。

　この選択肢の背後には、過去にうまくいった戦略ならば、将来的にもうまくいく可能性が高いという考え方がある。「可能性が高い」という言葉に注意しよう。過去にうまくいったからと言って、将来のパフォーマンスが保証されていることはない。市場が変化したり、バックテストの最中に過ちを犯したり、その戦略の将来のパフォーマンスがひどいものである可能性だってあるわけである。

　しかし、すべての条件が同じだとすると、ほかの選択肢よりも、過去にうまくいったことが証明された戦略を選んだほうがよくはないだろうか。検証できることはアルゴトレードの大きなメリットだ。その戦略が正しい検証によって利益が出たことが分かれば、実際にトレードするときに自信をもってトレードすることができる。選択肢Ａから選択肢Ｃまではそんな自信を与えてくれることはない。

メリット3――分散

トレードには「聖杯」などない。永遠にうまくいき、ドローダウンがほとんどないか、まったく出さずに常に利益を出す戦略やアルゴリズムなどない。プロトレーダーのほとんどはこのことを知っている。

しかし、聖杯に最も近いものは分散だ。これまで25年以上トレードをしてきて、分散以上に聖杯に近いものはなかった。

分散はなぜアルゴトレードにとって有利なのだろうか。それは量だ。アルゴトレードではいったん堅実な開発プロセス――利益の出るトレード戦略を生みだすプロセス――を確立すれば、作成できる戦略はどんどん増え、戦略の大きなライブラリーを作ることができる。

これを行うに当たっては重要なことが2つあり、これら2つのことは関連性がある。1つは、市場の分散だ。例えば、先物トレードの場合、アメリカではおよそ40の異なる市場が存在する。これらの市場は大きく6つのセクターに分類される。

●株価指数
●農産物とソフトコモディティ
●通貨
●貴金属
●金利
●エネルギー

複数の市場で複数の戦略を作成すれば、ポートフォリオは分散される。例えば、ある週に通貨の戦略ではうまくいかないかもしれないが、貴金属やエネルギー戦略で高いパフォーマンスを上げれば、うまくいかない通貨での戦略を穴埋めすることができる。

もうひとつの鍵は、異なる市場体制や市場の振る舞いに対して異な

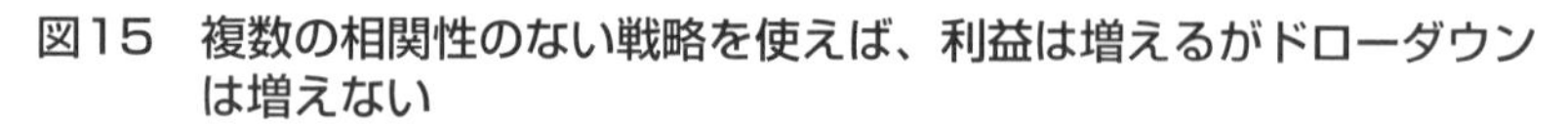

図15　複数の相関性のない戦略を使えば、利益は増えるがドローダウンは増えない

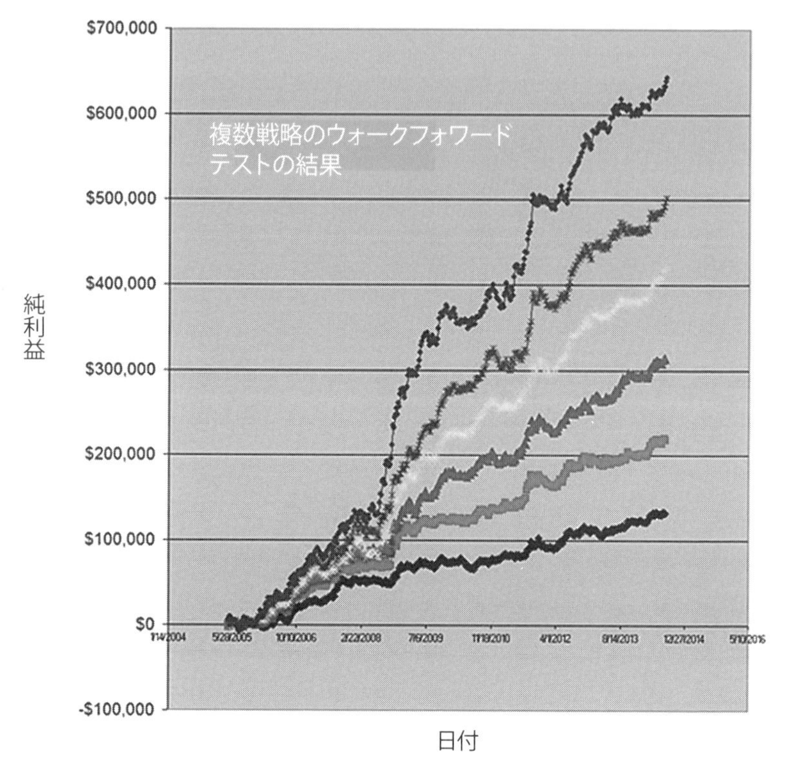

るタイプのアルゴリズムを作成することだ。例えば、トレンドフォローアルゴを作成し、カウンタートレンド（平均回帰）アルゴも作成するといった具合だ。これら２つのアルゴは時間がたつとうまくバランスが取れてくる。

　異なる市場で異なるトレードスタイルを使った複数のアルゴでトレードを成功させるためには、１つ条件がある。それは、戦略の結果が互いに相関を持たないことだ（あるいは低い相関）。上昇期間と下落期間が原油戦略と同じ金（ゴールド）戦略をトレードしても効果はない。

図16　こんなふうにトレードしたいと思う？

相関が高まれば、ポートフォリオリスクは高まるだけだ。

相関性のないアルゴで分散がうまくいくのは、ドローダウンや困難な時期がそれぞれの戦略で異なる時期に発生するからである。例えば、ユーロでの戦略がドローダウン期間にあっても、同じ時期に大豆での戦略は資産が高値を更新するといった具合だ。これを示したものが**図15**だ。アルゴ戦略を増やせば増やすほど、累積資産曲線は急激に上昇し、しかも曲線はスムーズになる。

トレードソフトを使えば、アルゴの分散は簡単に行うことができる。すべて自動化されているので、トレードソフトが10、20、または100のトレード戦略をモニタリングするのは朝飯前で、各戦略のルールに従って仕掛けたり手仕舞ったりしてくれる。これはアルゴにとっては大きなメリットだ。

メリット4――コンピュータービジョン症候群とは無縁

この世界に長い人は、「スクリーンゾンビ」という言葉を聞いたことがあるはずだ。スクリーンゾンビとは、市場が開いている間中コンピューター画面にくぎ付けになるトレーダーのことを言う。日本や欧州が開いている時間を含めると一晩中画面にくぎ付けになることもある。彼らは食事をしたり風呂に入ったりすることを忘れても、次々に発生する価格パターンから目をそらすことはない（**図16**）。

これは私にとってはあまり楽しいものではない。でも、それでうまくいくのならそれでも構わないだろう。

アルゴトレードはこれとは正反対だ。もちろん新しいアイデアを検証したり、ポジションをモニタリングするにはコンピューターの前に座っている時間は必要だ。でも、アルゴトレードではコンピューター画面を常に見ている必要はない。事実、アルゴリズムをくつがえすという人間の性質を考えれば、アルゴトレードしているときに画面をずっと見ているのは望ましいことではない。

コンピューター画面から解放されることもアルゴトレードの大きなメリットの1つだ。

メリット5――トータルコントロール

アルゴを作成してトレードするとき、あなたはすべてをコントロールできる。あなたは次のような決定権がある。

●どの市場をトレードするか
●どのタイプのアルゴをトレードするか
●各アルゴのパフォーマンス特性（利益、ドローダウン、期待値など）
●アルゴをいつどのようにオン・オフするか
●ポートフォリオにおける各アルゴのポジションサイジング
●いつトレードして、いつトレードしないか（週末、夜間など）

このほかにもまだまだたくさんあるが、おおよそは分かってもらえたと思う。何をどのようにトレードするかを自分で決めることができる。他人に頼ってブラックボックス戦略やシグナルをトレードする必要はない。

ドローダウンは避けられないものだが、そんな時期にすべてをコントロールしているという気持ちを持つことは重要だ。それはなぜなのだろうか。２人のトレーダーを考えてみよう。

●トレーダーＡはブラックボックス戦略をトレードしている。彼はその戦略の中身は何も知らない。大体こんなものが含まれているのだろうと当てずっぽうで考えるしかない。ときどきブラックボックスが彼が望まないトレードをするのを見てきた。そして、ドローダウンが始まる。
●トレーダーＢは自分が作成したアルゴをトレードしている。その戦略がどのようにして作成されたか、その戦略がいつトレードするか、リカバリーまでどれくらい時間がかかるかといったことを彼は知っている。そして、ドローダウンが始まる。

どちらのトレーダーになりたいかと聞かれたら、ほとんどのトレーダーは間違いなくトレーダーＢだと答えるだろう。アルゴリズムのことを、そしてそれがどのように開発されたのかを知っていれば、安心感が生まれる。なぜなら、アルゴリズムの構造に自信を持つことができるからだ。重要な特性のほとんどが秘密のベールに包まれているようなアルゴリズムに自信を持つことはできない。

もちろん、こうした自由があることで、特にアルゴトレードの初心者は圧倒されることもあるだろう。しかし、これらの特徴のすべてに最初から取り組む必要はない。１つか２つのアルゴを使って、それぞれのアルゴで１枚（株式の場合は少ない枚数）ずつトレードを始めることは、圧倒されることなくアルゴトレードを慎重に始めるうえでは良い方法だ。そして時間がたって利益が伸びてきたら、もっと高度なポートフォリオトレードに挑戦すればよい。

自分のトレードをコントロールできることもアルゴトレードの大きなメリットだ。

メリット6――常に準備ができて働ける状態にある

あなたがファストフードチェーン店の経営者だと想像してみよう。成功するには従業員が必要だ。従業員のなかには素晴らしい人材もいて、彼らの働きには満足している。

しかし、問題ばかり起こす従業員もいる。遅刻はするし、盗みは働くし、顧客をぞんざいに扱う。「こんな面倒な従業員を雇い続ける必要が本当にあるのだろうか」とあなたはときどき疑問に思う。

ビジネスを成功させるうえでは人材は大きな要素だ。しかし、アルゴトレードでは人的要素はそれほど重要ではない。

あなたの従業員はあなたのアルゴだけだ。彼らは言われたことを忠実にやってくれる。病気になって休むこともない。アルゴは1日24時間、週6日働いてくれる。とにかく、市場が開いている間は休まずに働いてくれる。アルゴは常に準備ができた状態だ。ボラティリティの高い市場を恐れたりはしない。退屈したり、不活発な市場でトレードし損なうこともない。

もちろん、アルゴのなかには「盗み」を働くものもある。つまり、あなたに損をさせるということだ。しかし、ほとんどの場合、アルゴは信頼の置ける忠実な従業員だ。あなたの仕事は正しいアルゴを選ぶことだけだ。

アルゴのメリットを見てきて、なぜアルゴが多くのトレーダーにとって魅力的なのかは分かったことと思う。今すぐにアルゴトレードを始めようとはやる気持ちは分かるが、そんなに急ぐ必要はない。まずは次の第５章を読んでもらいたい。

第5章

アルゴトレードのデメリットと思い違い

THE DISADVANTAGES AND MISCONCEPTIONS OF ALGO TRADING

第4章を読んだあなたは、アルゴトレードの世界はあなたの今のトレード手法に比べると理想郷のように思えるかもしれない。しかし残念ながら、現実はそれとは程遠い。ほかのタイプのトレード同様、アルゴトレードは手ごわく、落とし穴もたくさんある。アルゴトレードに乗り出す前にアルゴトレードのデメリットも知っておく必要がある。これらのデメリットを読むと、アルゴトレードをやりたいという気持ちが消え失せるかもしれないが、まぁとにかく読んでみてほしい。

デメリット1――感情もトレードの一部

私が行った初めての「アルゴ」トレードのことは鮮明に覚えている。これは「はじめに」で話したとおりだ。当時、これをアルゴトレードと呼ぶ人はいなかったが、それはまさしくアルゴトレードだった。ルールを作成し、それに従った。本当はロボットのように感情抜きでやらなければならなかったのだが、私は死ぬほど怖かった。

ブローカーに15分おきに電話して、「6月限のライブホッグの最新価格」を聞き、最新価格を基にポジションの損益を計算した。そして、次の15分は含み益が出て浮かれているか、含み損が出て気落ちしているかのいずれかだった。私が頻繁に電話するのでブローカーはイライラし始めた。当時はオンラインで価格をチェックする方法などなかったので、仕方のないことだった。今のようにオンラインで価格を見ることができれば、私は１分おきにクオートページを更新していただろう。

なぜ私は死ぬほど怖がり、クレイジーな行動を取ったのだろうか。ルールを使ってトレードすれば、感情の入る隙はない、と多くの人は言う。冷静さを失ってはいけなかったのだが、私は不安で仕方なかった。

実際には、実際のお金を使ってトレードしているときは、必ず感情が湧き起こる。どんなトレードスタイルであっても、資産の急激な増減は感情をたかぶらせるものだ。アルゴトレードであれ、自由裁量トレードであれ、当てずっぽうのトレードであれ、どんなアプローチを使っていようと、お金が絡むと感情的になるのは当然だ。

なぜ多くの「グル」はアルゴトレードを勧めてくるのだろうか。感情の入る余地がないからだろうか。私はこれはこうしたペテン師たちのセールス上の策略だと思っている。ペテン師たちは感情がトレーダーを崩壊させることを知っているし、トレーダーたちがトレードに感情を持ち込みたくないことも知っている。だから、彼らはアルゴトレードを使えば感情問題を解決することができると言い張るのだ。

でも、アルゴトレードが感情問題を解決することはない。前にも言ったように、お金が絡むと必ず感情が湧き起こる。これはトレードスタイルとは無関係だ。アルゴトレードは感情に左右されることなくトレードできるという人は、シミュレーターでのみトレードしているか、まったくトレードしていないかのいずれかだと私は思っている。つまり、実際のお金を使ってトレードしていないということである。

とはいえ、アルゴトレードで経験する感情と自由裁量で経験する感情とは少し異なる。仕掛けるべきか手仕舞うべきかといったパニックは消えるが、それはアルゴをオンにするかオフにするかというパニックに置き換わるだけだ。自由裁量トレードでは何か起こると感情が引き起こされるが、アルゴトレードでも似たような、しかし異なる種類の感情が引き起こされる。

アルゴトレードでは、感情の問題は発生しないと思い違いしている人は多いが、これはアルゴトレードの第一のデメリットだ。実際のお金の絡むトレードでは感情は必ず発生する。これを認めることが重要だ。

デメリット2――コンピュータープログラミング

コンピュータープログラミングに恐れをなす人は、アルゴトレードには向かない。ビジュアルプログラミングツールも存在するが、良いアルゴトレーダーになるには自分のトレードルールをプログラミングできなければならない。もちろんプログラマーを雇うこともできるが、アルゴの検証は失敗することが多く時間がかかるため、だれかを雇ってプログラミングしてもらうのはかなり高いものにつく。何千というアルゴをプログラミングするのは骨の折れる作業なのだ。

アルゴをやろうと決めたのであれば、プログラミングをすぐに勉強することだ。プログラミングの勉強を始めれば、この問題はデメリットからメリットに変わる。

デメリット3――過去は将来とは違う

トレード講座やトレードシステムやブローカーなどの広告を見たことがある人は、「過去の実績は必ずしも将来の結果を示すものではない」という免責事項を見たことがあるはずだ。これはアメリカ政府が必ず書くように要求しているものだ。

これはすべてのトレーダーにとって重大な警告だ。これはつまり、バックテストがどういった結果を示していても、そのパフォーマンスが将来的にも続くことを意味するものではないということである。実際には逆の場合が多い。つまり、平均に回帰するということである。

これは、ライブトレードを始める前にほとんどいつも自分たちのアプローチをバックテストするアルゴトレーダーにとっては頭の痛い問題だ。過去のパフォーマンスが将来のパフォーマンスと無関係なら、なぜバックテストする必要があるのだろうか。

アルゴのバックテストは厄介なのは明らかだ。トレーダーはアルゴが過去にうまくいったことを知って安心したい。でもそれと同時に、ライブトレードを始めた１日目から何もかもがうまくいかないこともあることを認識する必要がある。

ポイントは、バックテストでもリアルタイムテストでもうまくいくことが証明された開発手法を手に入れることである。これは、ほとんどのトレードプラットフォームが言うような、パラメーターの最適化といった単純なものではない。これについては詳しくはあとで説明する。

バックテストは、溶岩の上を綱渡りするようなものだ。ちょっとでも間違った動きをすれば、死が待っている。しかし、正しく行えば、大衆は畏敬の念を抱いて拍手喝采する。もちろん私たちの目標は後者だ。

デメリット４――いじくり回すのが楽しい

本書の原稿を書いているとき、校正係の女性が「なぜデメリットにトゥワーキング（Twerking）があるの？」と聞いてきた。「トゥワーキングは確かに楽しい。私もトゥワーキングが大好きだ。でも、それはトレードとは無関係なのでは？」

確かにそうだ。私はトゥワーキング（膝をまげ、腰を低くして、音楽に合わせて腰を振るセクシーなダンス）するにはちょっと年を取りすぎているが……。でも本当は、トゥワーキングではなくて、トゥイーキング（tweaking。いじくり回す）が正しい。１文字違っただけで意味がまったく違ってくる。

物事を変えたり改善するために人は物事をいじくり回す傾向がある。前にも言ったように、改善することはトレードの重要な部分でもある。しかし、改善はアルゴの開発においては望ましいことではない。アルゴをいじくり回せば、問題が発生する。

例を見てみよう。私には5年以上にわたって戦略を開発してはいじくり回しているトレーダーの友だちがいる。彼は負けトレードになるたびに、トレードをじっくりと調べて、なぜそれが負けトレードになったのか理由を探す。そこで彼はルールを作り直す。負けトレードを出さないようにいじくり回すというルールだ。そんな嫌なトレードは二度と起こらないため、バックテストは前よりもうまくいくようになった。彼は満足だ。

次にいじくり回すことが必要になるまでは彼はハッピーだ。

こうして彼の戦略は5年以上にわたっていじくり回され続けてきた。元々のコードよりもいじくり回したコードのほうがはるかに多くなったと言っても過言ではない。でも悲しいことに、リアルタイムのパフォーマンスは向上してはいない。彼のコードは常にいじくり回すことが必要なものになってしまった。

コードをいじくり回すのは簡単だ。でも、それは間違っているし、アルゴトレードにとっては大きなデメリットとなる。

デメリット5――ここでは私がボスだ

会社経営にとって従業員が重要だという話は前述したが、トレードでは唯一の従業員はあなただけだ。これは大きなメリットだ。腫れものにでも触るように扱い、ストレスの元となる従業員がいないのは大きなメリットではあるが、これは大きなデメリットにもなる。

あなたのアルゴ戦略が失敗すれば、それはあなたの責任だ。

新しい戦略の開発に失敗すれば、それはあなたの責任だ。

アルゴの自動化で過ちを犯したり、先物のロールオーバーを間違えたり、時間に間に合わなければ、それはすべてあなたの責任だ。

どういった意思決定をしようと、どういった行動を起こそうと、良くても悪くても、ボスはあなたなのだ（https://www.youtube.com/watch?v=0yC4gm_vN3s）。

嫌いな仕事で身動きできない人、嫌いなボスのために働かざるを得ない人にとって、何と自由なんだろう、と感じるかもしれないが、これは大きなデメリットでもあるのだ。

アルゴトレードで物事がうまくいかなくなる（少なくともある程度は必ずうまくいかなくなることがある）と、あなた以外に責める人はいない。こんなプレッシャーや説明責任に耐えられるトレーダーはあまりいない。

ボスであることは素晴らしいことだ。特に、アルゴトレードではそうだ。しかし、それは大きなデメリットでもあることを忘れてはならない。

デメリット６――物事を間違った方法でやる

アルゴトレードは正しい方法でやれば非常にうまくいく。問題は、アルゴトレードを間違った方法でやるのはいとも簡単だということである。そして間違った方法でやれば損失につながる。

これはアルゴトレードにとっては大きなデメリットになる。なぜなら、アルゴトレード戦略を間違った方法で開発する方法は山ほどあるからだ。アルゴトレードの間違った開発方法について書けば本１冊にはなるだろう。こういった本をそのうちに書こうと思っている。アルゴトレードをめちゃくちゃにするバイアスは山ほどある。**図17**はその一例を示したものだ。

図17　これらのバイアスは間違ったアルゴ開発につながることもある

あなたの意思決定を台無しにする20の認知バイアス

1. アンカリング
人は最初に得た情報に依存しすぎる傾向がある。例えば、給料交渉しているとき、最初に額を提示した人は、その人がもらえる給料の範囲はこれくらいだと本人に思い込ませてしまう。

2. 利用可能性ヒューリスティクス
物事の意思決定を下す際に、頭に浮かんできやすい事柄を優先して判断する傾向。例えば、100歳まで生きた人が1日にタバコを3箱吸っていたことを知っている人は、喫煙は健康上有害ではないと言う。

3. バンドワゴン効果
ある選択を支持する人が多いほどその選択に対する支持がより強固になる現象。集団思考が強力なのはこのためであり、会議が非生産的であることもこれによって説明がつく。

4. バイアスの盲点
人は自分だけを特別と考え、自分は平均以上であると考える傾向がある。つまり、自分は他人ほどバイアスの影響を受けていないと考えてしまいがちということである。

5. 選択支持バイアス
何かを選ぶとき、その選択肢に欠点があることが分かっていても、また同じものを選んでしまう傾向。例えば、自分の犬はときどき人に噛みつくことがあるが、素晴らしい犬だと思い込んで疑わない。

6. クラスター錯覚
ランダムに起こるべきある出来事がまとまって起こったとき、それをランダムでないと錯覚してしまうこと。これはギャンブラーの錯覚とも呼ばれる。例えば、ルーレットで赤が続けて出ると、赤の流れになっていると考えて赤に賭ける。

7. 確証バイアス
仮説や信念を検証する際にそれを支持する情報ばかりを集め、反証する情報を無視または集めようとしない傾向のこと。気候の変化について知的な会話ができないのはこのため。

8. 保守性バイアス
ある見解や予想に固執すること。例えば、人々は地球は平らだとずっと思ってきたため、地球が丸いと言われても信じることができなかった。

9. 情報バイアス
情報の過多は、迷いや混乱を引き起こし、判断をミスリードすることがある。しかし、情報が多いほうが正しい判断ができるとは限らない。情報が少ないほうがより正確な予測ができる場合もある。

10. ダチョウ効果
良くない情報を避ける行動のこと。これは危険に遭遇したダチョウが頭を砂に突っ込んで見ないようにすることから来ている。投資家は市場が悪いときは口座は見ないようにする傾向がある。

11. 後知恵バイアス
結果を知ったときに、それがあたかも最初から予想できていたかのように考えてしまう傾向。ラスベガスで大金を儲けたからと言って、ギャンブルにお金をつぎ込んだことが良い判断だったとは限らない。

12. 自信過剰
自分の能力を過信して、日々の生活でリスクを取りすぎてしまうこと。専門家は普通の人よりも自分が正しいと過信しているため、このバイアスに陥りやすい。

13. プラセボ効果
何かが効果があると思い込むことで本当にその効果が現れること。効き目ある成分が何も入っていない薬を服用しても、患者が自分の飲んでいる薬は効き目があると思い込むことで、本物の薬を与えられた人と同じような効果があることがある。

14. イノベーション推進バイアス
イノベーションを推進する人はその有効性を過大評価し、その弱みや限界を過小評価する傾向がある。どこかで聞いたことはないだろうか？シリコンバレー？

15. 親近性錯覚
最新の情報が古い情報よりも重視される傾向。投資家は市場はいつも今日のように動くと考えることが多く、間違った判断をしてしまう。

16. 顕現性
目立つ特徴に神経を集中させて判断を下す傾向。例えば、死を考えるとき、交通事故で死ぬといった統計学的に起こりやすい原因を考えるよりも、ライオンに襲われて死ぬことを心配する。

17. 選択的知覚
情報をそのまま受け取るのではなく、自身の信条・関心・経験に沿うものだけを、都合良く選択して認識する傾向。2つの大学間でフットボールの試合を行わせるという実験を行ったところ、一方のチームは相手チームに違反が多いと抗議した。

18. ステレオタイプ
その人のことをよく知ることなく、特定の特徴があると思い込むこと。知らない人を見ると、敵か味方かをすぐに判断してしまう。これは乱用される傾向がある。

19. 生存者バイアス
生存した物のみを基準とすることで誤った判断を行ってしまうこと。例えば、起業家になるのは簡単だと考えがちだが、それは失敗した人のことを知らないから。

20. ゼロリスクバイアス
社会学者によると私たちは確実性を好む傾向がある。リスクを完全に除去することで危険を被る可能性はゼロになると考えてしまう。ある問題の危険性を完全にゼロにする事に注意を集中し、ほかの重要な問題の危険性に注意を払わない。

出所＝Brain Biases、Ethics Unwrapped、Explorble、Harvard Magazine、HowStuffWorks, LearnVest、Outcome bias in decision evaluation（journal of personality and Social Psychology）、Psychology Today、The Bias Blind Spot : Perceptions of Bias in Self Versus Others（Personality and Social Psychology Bulletin）、The Cognitive Effects of Mass Communication（Theory and Research in Mass Communications）、The less-is-more effect : Predictions and tests（Judgment and Decision Making）、The New York Times, The Wall Street Journal, Wikipedia, You Are Not So Smart, ZhurnalyWiki

こうしたアルゴ開発における落とし穴をデメリットからメリットに変えるにはどうすればよいだろうか。ほとんどのトレーダーがアルゴ開発で間違いを犯すとするならば、正しく開発することのメリットはより一層はっきりする。

こうしたデメリットを取り除くためのアドバイスがある。まず、トレードアドバイスは信頼できる人や情報源からのアドバイスのみを使うことだ。インターネットはアドバイザーにあふれているが、その多くはトレードしたことすらない。あなたの知っている、実際にトレードしている人からのアドバイスのみを信じることだ。

２番目は、できるだけ多くのトレーダーから情報を取り、それらの情報をあなたにとって正しいと思うものに組み立てよう。

３番目は、組み立てた情報が正しいことを実際のお金を使ってトレードすることで確認しよう。理論は素晴らしいし、アイデアはもっと素晴らしいが、重要なのは結果だ。あなたのアルゴ開発手法は利益を生みだすものかどうか確認しなければならない。もしそうなら、おめでとう。でもそうでない場合は、自分のプロセスをもう一度見直し、新たな概念を取り込んだり、改善することが重要だ。

アルゴを開発してトレードするのは非常に骨の折れる作業だ。これをやる正しい唯一の方法はない。しかし、間違った方法は山ほどある。アルゴトレードにとってこれはデメリットになる。

デメリット７――アルゴトレードは「設定するだけ」では終わらない

何年も前に、深夜のテレビショッピングでポータブルの調理器具が売られていたのを覚えているだろうか。売り文句は、「設定するだけ」だった。それは使い方が簡単で、材料を入れていくつかのボタンを押せば、数時間後にはおいしい家庭料理の出来上がりだ（**図18**）。でも、

図18　これは明らかにアルゴトレードのやり方ではない

アルゴトレードは設定したらそれで終了ではない。

同じスローガンがアルゴトレードにも当てはまると考えるトレーダーは多い。特に、システムを自動化したときはそうだ。でもそうではない。

トレードステーション（トレード用ソフトウェアプラットフォーム大手。私の主要トレードソフトウェアでもある）のテクニカルサポートのスローガンは違う。彼らのスローガンは、「自動化トレードは無人トレードを意味するものではない」だ。

アルゴを自動化すれば、いろいろな問題が発生する可能性がある。インターネットが接続不良になったり、トレードサーバーにつながらなくなったり、取引所で断続的に障害が発生したり、データ破損が発生したりといろいろなことが発生する。問題は無限にある。

これらの問題の数にあなたがトレードしているアルゴの数を掛けてみると、問題の大きさは明らかになる。

アルゴをオンにして、その場を去り、１週間後に戻ってきて利益を勘定するなんてことはできないのだ。アルゴはこれでは機能しない。昼夜を問わずずっと画面を見て、アルゴが正しく動いていることを確認する必要はないが、１日に最低何回かはアルゴを監視する必要はある。何かが起こったらすぐに行動を取れる体勢になっていなければならない。アルゴではあなたが思っている以上に介入は必要なのだ。

　これがアルゴトレードの最後のデメリットであり、思い違いだ。アルゴを熟知し、常に目を光らせておくことが重要だ。間違っても、「設定したらそれで終わり」なんてことは思わないようにしよう。

第6章

アルゴトレードを始めるには

HOW TO BEGIN ALGO TRADING ON YOUR OWN

本書をここまで読んできたあなたは、ほかの90%の人たちよりもアルゴトレードに詳しくなったはずだ。とりあえずは「おめでとう」と言おう。アルゴトレードとは何なのかや、アルゴトレードに最も向く性格などももうお分かりのはずだ。

また、アルゴトレードのメリットやデメリットも分かったはずだ。デメリットを読んで、アルゴトレードに恐れをなしただろうか。そうでないことを願っている。アルゴトレードは楽しいもので、得るものもたくさんある。でも、簡単ではない。しかし、いつも言っているように、人生で最高のものは最も得難いものである場合もある。もしアルゴトレードが簡単なものなら、だれもがやるだろうし、あなたにとって経済的な動機はなくなるだろう。

アルゴトレードは「ビッグボーイ」と戦うことを可能にしてくれるものではあるが、機械的に「スーパートレーダー」を生みだすものではない。トレードに簡単な方法はなく、アルゴトレードも例外ではない。しかし、ヘッジファンド、先物運用のプロ（CTA）に勝ち抜いた個人のアルゴトレーダーはいるので、安心してもらいたい。

理論や用語などはとりあえず置いておいて、ビジネスの話に入ろう。これからの３つの章では、以下のことについて話していく。

- アルゴトレードを自分で始めるには
- トレードプラットフォームの選び方
- 一般的なプラットフォーム

　そしてそのあとの章では、簡単なアルゴの例、トレードを成功させるためのアドバイス、本書を読んだあとでやるべきことについて話していく。これらのことがすべて分かって初めて、アルゴトレードを自分で始める準備が整ったことになる。
　それでは始めよう。

最も良い検証方法

　昨年、ジョージア州アトランタから来たトレーダーに会った。彼と話をしてみて分かったことは、彼はトレードについてはある程度の知識はある、ということだった。もちろん彼が利益を出しているかどうかは分からなかった（トレードの実績を見ないでそんなことが分かるはずはない）が、利益を出しているように感じた。ともかく、私がいつもやるように、彼にいろいろな質問をしてみた。
「バックテストはどのようにやりますか？」と聞いてみた。彼の答えはショッキングなものだった。「私はバックテストなんて信じていません。だって、抜け道がたくさんありますから。バックテストはやってもムダだと思います。だから私はバックテストはやりません」。私はあっけにとられた。検証することもなくトレードする人がいるとは。検証してみなければ、その戦略が利益を出すかどうかは分からないではないか。
　このトレーダーがバックテストの必要性を感じていないのは明らかだった。もちろん彼自身の戦略に対しても。何てクレージーなんだ、と私は思った。でも、あなたは自分のトレーディングアルゴをきちんとバックテストする人だと思っている。だとすると、あなたはどんな方法でバックテストをするだろうか。

戦略の検証方法には4つある。新米アルゴトレーダーにとってベストな方法だと思えるものを提示する前に、それぞれの方法の長所と短所について見てみることにしよう。

手動による検証

このデジタル時代にあってもコンピューターを怖がる人は多い。コンピューターについての知識が向上するにつれて怖さは軽減されるかもしれないが、トレーディングアルゴをコンピューターを使って検証したくない人の場合、彼らはどのようにして検証するのだろうか。

彼らはおそらくは昔の私のように、終値を紙に書いて、簡単な電卓を使って移動平均を計算するだろう。もちろんそれでも検証は可能だ。

手動による検証は、それぞれの足を見て、手動で計算して、検証しているアルゴリズムがシグナルを出すたびにトレードを手動で記録するというものだ。なんとのろくて苦痛を伴うプロセスなのだと思ったのであれば、私の説明は正しかったということになる。手動による検証はのろくて、面倒で、間違いを犯しやすい。

第4章で述べたトレンドライントレーダーのことを覚えているだろうか？　そう、あの「幻」のトレードを生成したトレーダーだ。手動による検証をしている人はそういったトレードを利益の出るトレードとして記録するだろう。手動トレーダーの多くは「十分に近い」ことでよしとする。特に利益が絡むときはなおさらだ。人間は最適な結果を求める傾向がある。問題は、そういった最適なバックテストトレードはリアルタイムではうまくいかないということだ。

手動による検証の長所

- 自分のアルゴ戦略に心地よさを感じる
- 結果に自信を持つ。しかし、その結果は細心の注意を払ってでっち上げたものにほかならない

手動による検証の短所

- 時間がかかる
- 間違いやすい
- ズルが簡単にできてしまう。悪いトレードは無視して、「十分に近い」トレードをよしとする
- 各戦略を同じ方法で検証するのではなくて（一貫性の欠如）、ちょっと検証しただけで次々と違う戦略に飛びつく

判定

検証する戦略が１つでないかぎり推奨はしない（検証する戦略がたったひとつしかないなんてあり得ない）

プログラマーや検証者を雇う

トレーダー志願の人から週に１回はメールをもらう。彼らは興奮して、私に彼らの「聖杯」トレード戦略をプログラミングして検証してほしいと言ってくる。彼らにはプログラミングスキルはない。私が彼らの戦略をプログラミングして検証すれば、私に彼らの戦略を「無料で」トレードさせてあげるというわけだ。

結果は分かっているので私はいつも断る。彼らの戦略はおそらくはバックテストではうまくいかないだろう。そのため、その聖杯の戦略とやらを何とか救おうと、ひたすらいじくり回して修正するのだ（これがいかに悪いことかを思い出してもらいたい）。そして、その戦略が

失敗すると、新しい戦略を持ってきてプログラミングしてほしいと言ってくる。この繰り返しだ。

プログラマーや検証者を雇うのが良くないのは高くつくからだ。真剣にアルゴトレードしようと思ったら、何十あるいは何百という戦略をプログラミングして検証してもらうことになる。すると請求書は莫大な額になる。

この方法のメリットを挙げるとするならば、あなたの戦略が複雑であなたがプログラミングスキルを持っていない場合、良いプログラマーならあなたがやるよりも速く、しかも効率的に仕事をこなしてくれる点だろうか。経験豊富な検証者なら結果は信頼のおけるものである可能性は高い。

プログラマーや検証者を雇うことの長所

●質の高いプログラミングや検証をやってくれる
●あなたがやるよりははるかに速い

プログラマーや検証者を雇うことの短所

●多くの戦略をプログラミングしてもらうのには多額のお金がかかる
●プログラマーや検証者に細かく説明しなければならない（時間がかかる）
●作業範囲が変わることが多く、そうなるとコストは劇的に増加する
●作成されたものが使えるかどうかの保証はない
●プログラマーや検証者のほとんどはトレーダーではないことが多いため、最終的に作成されたものはよく見えるかもしれないが、トレードできないこともある

判定

自分でプログラミングしたり検証したりする時間がなく、お金に余

裕のある人にはお勧めする

バックテスターを自分で作成する

昔、家庭用パソコンが普及した時代、私はノートパソコンを買って、日中は仕事に使い、夜はトレードシステムの評価に使っていた。わずかなお金しかなかった私は、オメガリサーチ（のちにトレードステーションに改名）から一流の検証ソフトウェアを買うことはできなかった。フォートランとビジュアルベーシックの知識は多少あり、スプレッドシート（マイクロソフトエクセル、ロータス１－２－３、ボーランド・クワトロ・プロ）の知識は豊富にあったので、私はバックテストプログラムを自分で作成することにした。

数カ月後、結構良い感じのこじんまりしたバックテストパッケージが出来上がった。検証速度を上げ、検証を自動化し、実際の状態でシミュレートするために私はいろいろな機能をどんどん追加していった。ソフトウェアがどんどん大きくなるにつれて、アルゴもどんどん大きくなっていき、トレードできる完成したアルゴがないことに私は気づいた。

これが問題であることは明らかだった。いつの間にか、私の目的はアルゴの開発ではなくて、偉大なバックテストプログラムを開発することに変わっていたのだ。

自分でバックテスターを開発しようとすると、この落とし穴にはまりやすい。もちろん、ソフトウェアはあなたの条件に合うようにカスタマイズできるが、戦略の開発ではなくてソフトウェアそのものの開発に莫大な時間を費やしてしまうことになる。これはPythonやRのような高度なプログラミング言語でも同じだ。これらのソフトウェア言語にはオープンソースモジュールがたくさんあるので、バックテスターを素早く開発できるかもしれないが、いろいろな要素を統合したり、検証したり、改良したりするのには多大な時間がかかる。

この方法は、検証ソフトを書くことには興味があるが、アルゴの開発にはそれほど興味のない人にはお勧めかもしれない。

バックテスターを自分で開発する長所

●見た目、操作感、機能を自分で管理できる
●コードは自分で書いたものなので結果を信用できる（正しくプログラミングしていればの話だが）
●個人用プラットフォームが苦手なアイデア（スプレッドトレード、オプションなど）を検証することができる

バックテスターを自分で開発する短所

●プログラミングの専門知識が必要
●あなたのテストエンジンが現実世界を複製できるようにトレードの専門知識が必要
●トレードはそっちのけで、ソフトウェアの開発そのものを重視しがちになる
●時間がかかる

判定

トレードのカスタムソリューションがお望みの筋金入りのプログラマーにはお勧め

個人用トレードソフトを使う

最後の選択肢は個人トレーダーにとってはおそらくは最良の選択肢だ。今では個人トレーダー用に設計されたトレードソフトウェアパッケージはたくさんある。それぞれに長所と短所はあるものの、最高の

ものを使えばプログラミングの知識がほとんどないトレーダーでもアルゴの開発を首尾よく行うことができる。

個人用ソフトウェアの最大のメリットは、ソフトウェアの操作方法を学び、簡単なプログラミング知識があれば、あとはアルゴの開発に専念できる点だ。アルゴの開発を最優先すべきであることは言うまでもない。

個人用トレードソフトを使う長所

●ほとんどのプラットフォームは使いやすく簡単に学べる
●ほかのトレーダーが使ってデバッグしたものなので、結果を信用できる
●比較的安価で、無料のものもある
●同じソフトウェアを使っているトレーダーと戦略を共有できる

個人用トレードソフトを使う短所

●ソフトウェアをだましてウソの結果を簡単に出させることができる
●いろいろな選択肢があるので、どのプラットフォームを選べばよいのか分からない
●ソフトウェア会社が倒産すれば、それで開発したアルゴは使えなくなる

判定

ほぼすべての個人トレーダーにお勧め。入手可能なソフトウェアはパワフルで便利

どの方法にしようか悩んでいる人もいるだろう。そこで私がやった方法を紹介しよう。私が最初に使ったのは最初の選択肢だ。つまり手動によるバックテストからスタートした。これは何とも苦痛だった。昼

間の仕事以外の時間帯である夜にパソコンが使えるようになると、私はすぐに選択肢３（自分でバックテストプラットフォームを開発する）に変更した。選択肢３は何年にもわたったが、アルゴを開発するよりもプラットフォームのプログラミングに夢中になった。

そこそこのアルゴはいくつかできた（と思っていた）が、もっと経験のあるトレーダーに話をしたあと、私のオーダーメードのプラットフォームには問題があることが発覚した（例えば、ロールオーバーが複雑すぎたことなど）。そのため、大改革が必要になった。

最終的には個人用プラットフォーム路線に変更した。私が使ったのはトレードステーションだ。最初はこのパッケージを使うことには不安があった（例えば、私は長年にわたって「次の足で成り行きで売買する」注文だけを使ってきた）が、やがてパッケージを理解し戦略開発を安心して行えるようになった。このパッケージを使うことで私の開発するアルゴ戦略は見違えるほど良くなった。

トレードステーションを使い始めてもう10年以上になる。よほどのことがないかぎり、私はこれからもトレードステーションを使い続けるつもりだ。

第7章

トレードソフトウェアプラットフォームの選び方

SELECTING A TRADING SOFTWARE PLATFORM

私がトレードステーションを使い始めたころ、ほかに選択肢はあまりなかった。トレードソフトのなかで断然優れていたのがトレードステーションだった。ほとんどの機能を備え、バックテストは正確で、サポート体制も整い、ユーザーグループは活発に活動していて非常に役立った。

今の時代に早送りすると、個人用ソフトウェアプラットフォームの風景は当時とは様変わりした。今では数十のプラットフォームがあり、どれを見ても優れている。それぞれのプラットフォームには「得意」分野があり、それはトレードステーションが不得意とする分野であることが多い。もちろんトレードステーションはこれに反応し、もっと優れたプラットフォーム作りに余念がない。こうした競争のおかげですべてのプラットフォームの水準は高まってきた。この効果は絶大だ。

プラットフォーム同士の競争が激しくなり、それによって機能が高まりコストが低下することは、個人トレーダーにとってはうれしいことだが、選択肢がありすぎて困る。どのプラットフォームがベストなのだろうか。あなたが欲しい機能を備えているのはどのプラットフォームなのだろうか。どのプラットフォームが戦略開発を簡単に行えるのだろうか。ほかにも知りたいことはいろいろある。

したがって、本章では特定のプラットフォームを推奨することはしないが、アルゴトレードをするうえでプラットフォームが持つべき「欠かせない」特徴はある。次の第８章では過去数年かけて行ったトレーダーに対するアンケートに基づいて最も一般的なプラットフォームを紹介する。一般的な評判は当てにならないと思っているかもしれないが、私は評判は重要だと思う。製造中止になったプラットフォームからアルゴを移し替えるのは非常に面倒なので、できれば長期にわたって存在し続けるプラットフォームを使いたいはずだ。

第８章では主要なプラットフォームのサイトを紹介するので、自分で調べてみるとよいだろう。どれを選ぶかは個人の自由だ。でも、アルゴを開発するうえでこれから多くの時間を過ごすことになるソフトウェアだ。安心できると思えるソフトウェアを選んでもらいたい。

チャート機能

理論的には、純粋なアルゴトレーダーやアルゴ開発者にとって価格チャートは不要だ。重要なのはアルゴのルールであって、チャート上でどういうふうに見えるかは問題ではない。とはいえ、優れたチャート機能を持つプラットフォームは何かと役立つ。

アイデアを着想する段階では、インディケーター、ヒストグラム、足のパターンなど、どんなアイデアであっても、チャート上でどうなるかを見たくなる。こういった意味では優れたチャート機能を持つプラットフォームは役立つ（**図19**）。

チャート機能はチャート上で見たものに基づいて意思決定するためのものではない。チャートに示されているものは短い断片的な時間でしかなく、そういった断片的な時間だけを見ることは過ちにつながりかねない。チャートだけを見て、新しいインディケーターやチャートパターンは悪いと結論づけることほど怖いことはない。

一方、正しいコードが書かれているかどうかをチャートを使って視

図19　チャートはアルゴの特徴を視覚的に見るのに役立つ

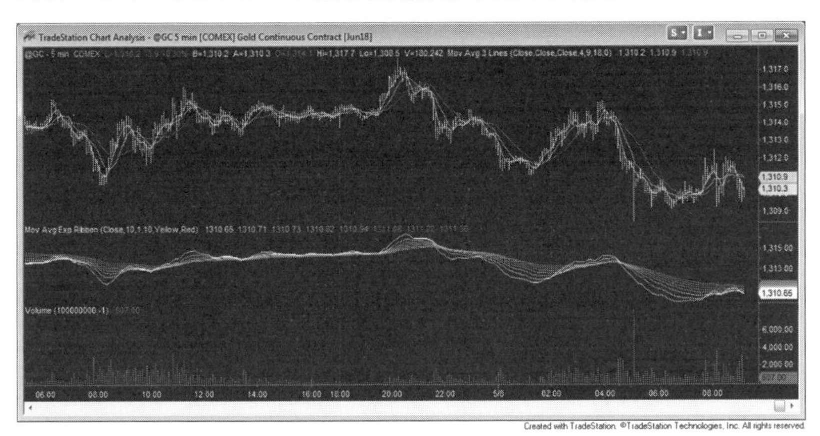

覚的に確認するのは良いことだ。複雑なチャートパターンをチャート上で見るのは簡単かもしれないが、アルゴリズム的にプログラミングするのは難しいことだ。したがって、チャートを見てコードが正しく書かれているかどうかを確認するのは良いことだ。

どういったトレードプラットフォームであっても、優れたチャート機能は「不可欠」だ。

ブローカーとのリンク

トレードステーションのように１社のブローカーとリンクしているプラットフォームもある（トレードステーションの場合はトレードステーション証券）し、ニンジャトレーダーのようにいくつかの選択肢からブローカーを選べるものもあり、マルチチャートのように多くの選択肢からブローカーを選べるものもある。どの方法も一長一短ありだ。

したがって、トレードプラットフォームを選ぶということは正しいブローカーを選ぶということでもある。私はこれまで多くのブローカーを使ってきたが、評判の良いしっかりとしたブローカーでも私のお金を盗もうとしたブローカーは２社あった（レフコとPFG）。ブローカーを選ぶときには注意深く選ぶ必要がある。なぜなら倒産する可能性のあるブローカーはたくさんあるからだ。

どういったブローカーを選んだとしても、バックアップブローカーを準備しておくことは重要だ。

プログラミングが簡単

良いプラットフォームは、変更したり最適化したりできるパラメーターを持つ標準的なインディケーターを備えているだけでなく、あなた自身のインディケーターや戦略を作成できる機能を持つものがほとんどだ。途中で必ず自分自身のインディケーターを作成（プログラミング）したくなると思うので、あなた自身のインディケーターを作成できるプラットフォームを選んだほうがよい。

カスタムワークが可能なプラットフォームの場合、カスタムコードを作成する方法は主として３つある。１つは、既存のコードを使って、あなたの要求に合うようにそれを変更するという方法だ。プログラミング言語の基本が分かればこれは至って簡単だ。私にはこの方法だけを使うトレーダーの友人がいる。彼らはオリジナル戦略をプログラミングしたことはないが、他人が作った何千という戦略を使って、それらを自分のニーズに合わせて変更したものを使っている。

２番目の方法は、最初からコードを書くという方法だ。これは最初の方法よりは作業量は各段に増えるが、プログラミングのコツさえ分かれば簡単だ。

最後の方法は、ドラッグ＆ドロップでコードを作成するというもので、いくつかのプラットフォームではこれが可能だ。これはインディケーター、パターン、if...thenロジック、損切りなどのブロックをあちこちに動かして、ブロックをつなぎ合わせていくというものだ。ブロックを動かしてつなぎ合わせたら、あとはソフトウェアがコードに変換してくれる。この方法を使えば、戦略をラインごとにプログラミングする必要はない。とはいえ、十分な速度でこれをやれるようになるまでにはかなりの学習が必要になる。

どの方法を選ぶかは個人の自由だ。もちろん各プログラミング言語はそれぞれにスタイルやフォーマットが異なるため、選ぶのは簡単ではないかもしれない。C#のように十分な機能を持った「プロ」仕様のプログラミング言語もあれば、ベーシックのように初心者向けの古いプログラミング言語もある。簡単な戦略をプログラミングするのにも、使っている言語によって非常に簡単なこともあれば複雑になることもある。

いろいろなプラットフォームやプログラミング言語を調べるには、テクニカル・アナリシス・オブ・ストックス・アンド・コモディティーズ誌を読むことをお勧めする。ほぼ毎月、1つの題材（新たなインディケーター、アルゴ戦略など）を取り上げて、主要なソフトウェアプラットフォームの専門家に彼らの言語を使ってコードを作成させるというコーナーがある。これは雑誌のうしろのほうにある「Trader's Tips」というタイトルのコーナーだ（**図20**）。

最近の号では、『**ロケット工学投資法**』（パンローリング）の著者で、有名なプログラム開発者のジョン・エーラースが作成した新たなRSI（相対力指数）の11のプラットフォームによるコードが掲載されていた。各コードを見ることで、それぞれのプログラミング言語の構造や複雑さが分かってくる。これは言語を選ぶときに役立つはずだ。

例として、トレードステーションのイージーランゲージのコードを見てみよう。これは非常にシンプルだ。これは、今日の終値が過去2週間（10本の足）の終値の最高値だったら次の足で買う、というコー

図20　テクニカル・アナリシス・オブ・ストックス・アンド・コモディティーズ誌の「Trader's Tips」コーナー。いろいろなプログラミング言語の比較に役立つ

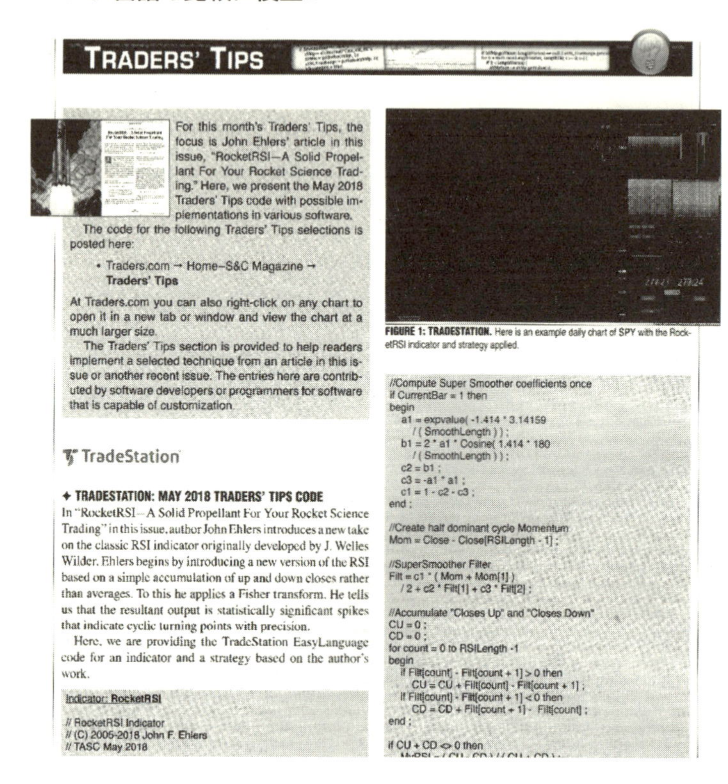

TRADERS' TIPS

For this month's Traders' Tips, the focus is John Ehlers' article in this issue, "RocketRSI—A Solid Propellant For Your Rocket Science Trading." Here, we present the May 2018 Traders' Tips code with possible implementations in various software.

The code for the following Traders' Tips selections is posted here:

- Traders.com → Home–S&C Magazine → **Traders' Tips**

At Traders.com you can also right-click on any chart to open it in a new tab or window and view the chart at a much larger size.

The Traders' Tips section is provided to help readers implement a selected technique from an article in this issue or another recent issue. The entries here are contributed by software developers or programmers for software that is capable of customization.

TradeStation

✦ TRADESTATION: MAY 2018 TRADERS' TIPS CODE

In "RocketRSI—A Solid Propellant For Your Rocket Science Trading" in this issue, author John Ehlers introduces a new take on the classic RSI indicator originally developed by J. Welles Wilder. Ehlers begins by introducing a new version of the RSI based on a simple accumulation of up and down closes rather than averages. To this he applies a Fisher transform. He tells us that the resultant output is statistically significant spikes that indicate cyclic turning points with precision.

Here, we are providing the TradeStation EasyLanguage code for an indicator and a strategy based on the author's work.

```
Indicator: RocketRSI

// RocketRSI Indicator
// (C) 2005-2018 John F. Ehlers
// TASC May 2018
```

FIGURE 1: TRADESTATION. Here is an example daily chart of SPY with the RocketRSI indicator and strategy applied.

```
//Compute Super Smoother coefficients once
if CurrentBar = 1 then
begin
   a1 = expvalue( -1.414 * 3.14159
      / ( SmoothLength ) ) ;
   b1 = 2 * a1 * Cosine( 1.414 * 180
      / ( SmoothLength ) ) ;
   c2 = b1 ;
   c3 = -a1 * a1 ;
   c1 = 1 - c2 - c3 ;
end ;

//Create half dominant cycle Momentum
Mom = Close - Close[RSILength - 1] ;

//SuperSmoother Filter
Filt = c1 * ( Mom + Mom[1] )
   / 2 + c2 * Filt[1] + c3 * Filt[2] ;

//Accumulate "Closes Up" and "Closes Down"
CU = 0 ;
CD = 0 ;
for count = 0 to RSILength -1
begin
   if Filt[count] - Filt[count + 1] > 0 then
      CU = CU + Filt[count] - Filt[count + 1] ;
   If Filt[count] - Filt[count + 1] < 0 then
      CD = CD + Filt[count + 1] -  Filt[count] ;
end ;

if CU + CD <> 0 then
```

ドを示したものだ。これをイージーランゲージで書くと次のようになる。

```
If close=highest(close,10) then buy next bar at market;
```

すべての言語がこれほど簡単というわけではない。

どんなプログラミング手法であれプログラミング言語であれ、ゆくゆくは1つの手法、1つのプラットフォームを選んで、それでアルゴ

を開発していくことになる。

本章で述べた項目のなかではこの項目が最も重要だと思う。あなたが簡単に学べると感じ、心地良さを感じるプログラミング言語を選ぶことは極めて重要だ。どの言語があなたに最も合うのかを事前にじっくり時間をかけて選ぶことで将来的にきっと役立つはずだ。

市場データの統合

今ある主要なトレードプラットフォームのほとんどでは、市場データが利用可能な仕様になっている。ほとんどのプラットフォームではサードパーティーデータプロバイダーと契約しなければならないが、トレードステーションのように独自のデータを提供しているものもある。

データで重要なのは、1つは、データが自動的に配信され、日中データが含まれていることである。毎晩一定の時間にデータをダウンロードしなければならないことほど最悪なことはない。電話がダイアルアップの時代はこれが普通だったが、今のように何もかもが瞬時に行われる時代では、データにはすぐにアクセスできなければならない。

もうひとつは、データソースとプラットフォームが信用できるものであることである。すべてのデータプロバイダーがすべてのプラットフォームにデータを提供しているわけではないため、気に入ったデータベンダーがある場合、プラットフォームの選択範囲は限られてくることもある。

市場データの利用にかかわる仕様は最も重要なことではないが、無視すればつまずきの原因にもなる。

標準的なインディケーターの搭載

新しいプラットフォームを使い始めて、絶対にやりたくないのが、移動平均線、RSI、ADX、ストキャスティックスなどの標準的なテクニカルインディケーターを作り直すことだ。こうしたインディケーターはプログラミングすることなくコードのなかで参照するだけにしたいはずだ。

プラットフォームを選ぶ前に、すでにプログラミングされたインディケーターや機能がたくさん搭載されているか確認しよう。ほとんどのプラットフォームにはたくさんのインディケーターや機能がすでに搭載されているが、最初にチェックしておけば安心だ。

プログラミング機能

「プログラミングが簡単」ではプログラミングが簡単に行えることが重要だと述べた。これは非常に重要なことだ。しかし、プログラミングが簡単なのは言語そのものの機能が限定されているからである場合もある。シンプルな言語はあなたが望むような複雑なタスクを行えないこともある。

これの良い例がトレードステーションだ。トレードステーションはイージーランゲージという言語を使っていて、これは非常に簡単だ。しかし、イージーランゲージは随分前に主としてバックテスト用に開発されたものであるため、今日のようにトレードがコンピューター化された時代にあってはこの言語には限界がある。そこでトレードステーションはオブジェクト指向のイージーランゲージ（OOEL）という言語を追加して、プログラミング機能の向上を図っている。当然ながら、OOELは結果的により複雑な言語になった（参考までに、私はアルゴの開発ではOOELは使っていない）。

マルチチャートもトレードステーションと同じようにパワフルな.NETバージョン言語を新たに追加した。

複雑なアルゴ戦略を開発しようとしていて、それをプログラミングできるかどうか不安なときは、あなたが必要としているものがそのソフトウェアでプログラミングできるかどうかを各ベンダーやソフトウェアユーザーグループのエキスパートに聞いてみることをお勧めする。

最適化

例えば、移動平均線で用いる足の数やRSIにおける買いの閾値のように、あなたのコードにパラメーターや数字が含まれている場合、そのうちにこれらのパラメーターを最適化したくなる可能性が高い。過剰最適化は良くないが、ソフトウェアには最適化機能が備わっているのが望ましい。

最適化機能は絶対不可欠なもので、ほとんどプラットフォームにはこの機能が備わっている。

ウォークフォワード分析

アルゴ開発では私は「アウトオブサンプル」結果を得るためにウォークフォワードテストというものを行う。これは従来行われてきた簡単なバックテストによる最適化よりも、リアルタイムトレードの結果に近いものを示してくれる。

ウォークフォワードテストは高度なトピックなので、新米のアルゴトレーダーは今すぐには必要ではないかもしれないが、トレードソフトウェアには備わっていてもらいたい機能だ。そうでなければ、いざこの分析を行いたいとなった場合、サードパーティーのツールを買うか、手動でやるハメになる。私は昔はこれを手動でやっていたが、手動でウォークフォワードテストを行うのはお勧めしない。

トレーダーコミュニティー

プラットフォームを選ぶとき、そのプラットフォームの大きくてアクティブなトレーダーコミュニティーがあるかどうかは非常に重要だ。ほとんどのプラットフォームベンダーのテクニカルサポートスタッフはスタッフ不足のため日常的にオーバーワーク気味にあり、もっと重要なのは、彼らはトレーダーではないということである。だから何か疑問があって問い合わせすると、あなたよりも知識のない人が受け答えする可能性が高い。

しかし、強力なコミュニティーがあれば、あなたの質問に喜んで答えてくれるユーザーはたくさんいる。例えば、私はトレードステーションのユーザーフォーラムでボランティアをやることがあるが、過去14年間で週平均５つの投稿を行ってきた（全部で3500以上の投稿）。コミュニティーには私よりもあなたの助けになる人はたくさんいる。

大きなユーザーコミュニティーのもうひとつのメリットは、借りられるコードがたくさんあることだ。私の最高のアイデアやアルゴのいくつかはインターネットで見つけたフリーコードからヒントを得たものだ。一般的なプラットフォームではあなたがプログラミングしたいものはすでにだれかがプログラミングしている可能性は高く、あなたはそういったコードを拝借してあなたのニーズに合わせて変更すればよいだけだ。

活気に満ちたコミュニティーはあなたにとって強い味方になる。プラットフォームを選ぶときにはこれは重要な条件だ。

ライブトレードと自動化

アルゴを作成して検証し終えたら、それをライブでトレードしたり自動化するのにほかのプラットフォームに移し替えなければならないことがある。残念ながら、パッケージによってはこうしなければならないものもある。なぜならこれらのパッケージは十分な検証機能やライブトレード機能を搭載していないからだ。

開発、検証、自動化がすべてできるパッケージを選ぶことが重要だ。このうちの1つでも欠ければ、結局は余計な仕事をたくさんしなければならないことになる。

プラットフォームの選択――最終的な決断

本章ではプラットフォームを選ぶときの重要な項目について述べてきた。もちろん、私が述べていないことで重要なことはほかにもある。本章では特に重要な項目について話してきた。

「万能」の解決法はなく、プラットフォームの選択肢がたくさんあることは良いことではあるが、多すぎても圧倒されてしまう。でも心配することはない。しっかりと調べて、あなたにとって最適なものを選ぶのがよい。できるだけ早く決断して、早くアルゴを作れるようになろう。

第8章

一般的なプラットフォーム

POPULAR TRADING PLATFORMS

2017年から2018年にかけて私のブログの読者に好きなプラットフォームについてアンケートを行った。結果は**図21**のとおりだ。

調査結果は非常に有意義なものだが、これは科学的に厳密に調べたものではない。結果はトップ４――トレードステーション、ニンジャトレーダー、マルチチャート、メタトレーダー――に若干偏っている。なぜならこれら４つのプラットフォームは私が今使っているか、これまでに使ったことがあるものであり、回答者は私の著書や仕事のことをよく知っているため、私が使っているのと同じプラットフォームを使っている可能性が高いからだ。

回答者たちが選んだトップ７のプラットフォームについての関連するサイトからのデータは以下のとおりである。

トレードステーション（https://www.tradestation.com/）

https://en.wikipedia.org/wiki/TradeStation からの抜粋

トレードステーショングループはオンライン証券会社およびトレードテクノロジー会社の親会社で、フロリダ州プランテーション市に本社を置き、ニューヨーク、シカゴ、リチャードソン（テキサス州）、ロ

図21　プラットフォームの世界規模の調査

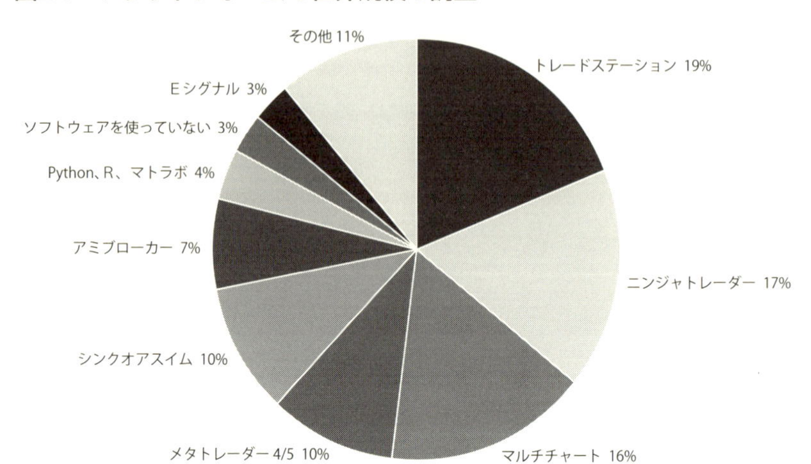

ンドン、シドニー、コスタリカに事務所がある。トレードステーションはアクティブトレーダーや機関投資家に最もよく知られた分析ソフトおよび電子トレードプラットフォームで、株式、オプション、先物トレード戦略の設計、検証、最適化、モニタリング、自動化を行うことができる。トレードステーショングループは1997年から2011年までナスダック・グローバル・セレクト・マーケットに上場していたが、2011年にマネックスグループ（日本の大手オンライン証券の１つで、東京証券取引所に上場する親会社）の傘下に入った。

https://www.tradestation.com/ からの抜粋

トレードステーションデスクトップ

シートベルトを締めて、いざ素晴らしいトレード体験の旅に出発だ。

トレードステーションのデスクトッププラットフォームはよく整備されたレーシングカーのように、パワーとスピードとフレキシビリティを兼ね備え、アクティブトレーダーの要求にとことん応えてくれる。ダイナミックなマーケットスキャニングツールから、フルカスタマイズ可能なチャート機能、速くて信頼のおけるトレード執行、高度な注文管理、完全自動化の戦略トレードまであらゆる機能を備えている。

プロフェッショナルレベルのパワーをもつトレードステーションのデスクトップがあれば、自信をもって市場に参入することが可能だ。

トレードステーションアナリティックス・パッケージ

このプレミアムパッケージがあればブローカー口座を開設することなく、トレードステーションデスクトップのチャート機能や分析機能など優れた機能を思いのままに使うことができる。トレードステーションの子会社であるトレードステーションテクノロジーズ社が提供するこのプレミアムパッケージには、リアルタイムのマーケットモニタリングおよびランキングツールであるレーダースクリーンや、オプション分析プラットフォームのオプションステーションプロやポートフォリオレベルの戦略バックテストツールであるポートフォリオマエストロなどのデスクトップ分析プラットフォームおよびプレミアム分析ツールが含まれている。さらに、リアルタイムのマーケットデータも入手可能で、トレードステーションテクノロジーズ社の巨大なヒストリカルマーケットデータベースにもアクセス可能で、モービルトレーディングアプリやウェブトレーディングアプリも使える。

私の感想

私はトレードステーションをアルゴ開発と自動化トレードの主要ツールとして使っている。完璧ではなくときどき問題もあるが、トレードステーションの機能には非常に満足している。

図22　トレードステーションのチャートのスクリーンショット

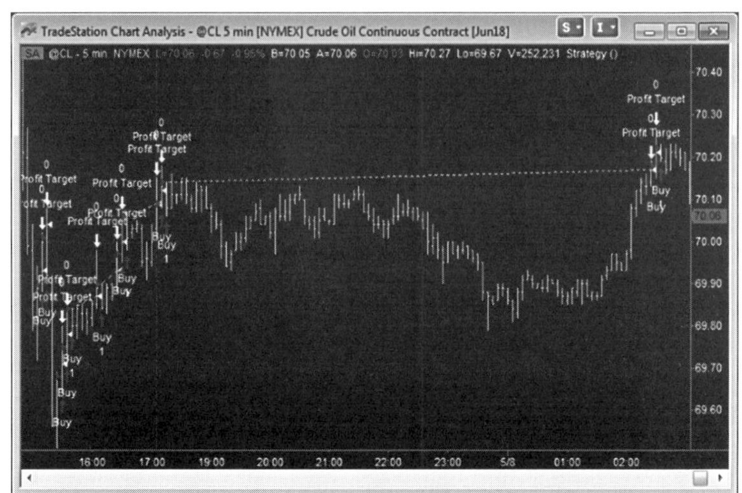

ニンジャトレーダー（https://ninjatrader.com/）

https://ninjatrader.com/ からの抜粋

標準的な機能

高度なチャート機能、トレードシミュレーション、戦略のバックテスト、リアルタイムスキャナー、マーケットプレイバック、カスタムC#ニンジャスクリプト開発

データ、アドオン、学習

無料の株式、先物、FXの日次ヒストリカルデータ、キネティックを含むマーケットデータフィード、1000を超えるサードパーティーアドオン、無料のトレーニングウェビナー、メディアが豊富なヘルプガイド、何百という教育ビデオ

図23　ニンジャトレーダーのコードウィンドウ

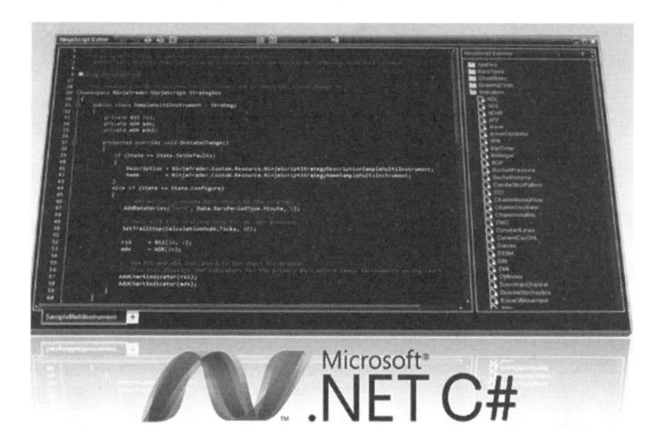

私の感想

私はニンジャトレーダーの複数ブローカー永久ライセンスを所有している。過去にニンジャトレーダーで戦略のプログラミングをやったことがあるが、今はいろいろなブローカーに注文を自動的に出すのに使っている。テクニカルサポートには非常に満足している。

マルチチャート（https://www.multicharts.com/）

https://www.multicharts.com/ からの抜粋

マルチチャートは賞に輝いたトレードプラットフォームだ。デイトレードソフトが欲しい人でも長期投資したい人でも、マルチチャートにはあなたが目的を達成するための機能が備わっている。高度なチャート機能、組み込みインディケーターと戦略、チャートや板情報を使ったワンクリックトレード、正確なバックテスト、総当たり方式と遺伝的最適化、執行の自動化、イージーランゲージスクリプトのサポートなどの機能が自由に使える。

私の感想

私はマルチチャートは持っていないが、使ったことはあり検証したこともある。これはトレードステーションに似ており、トレードステーションのイージーランゲージコードのほとんどはマルチチャートのパワーランゲージに変換することができる。トレードステーションで問題が発生したら、バックアップとしてアルゴ戦略をすべてマルチチャートに移植することにしている。

メタトレーダー4/5（https://www.metatrader4.com/）

https://www.metatrader4.com/ からの抜粋

メタトレーダー４はFX取引、金融市場の分析、およびエキスパートアドバイザー（取引ロボット）を使用するためのプラットフォームだ。モバイルトレード、トレードシグナル、マーケットといった付加サービスによってFX取引の機能を拡大することができる。

メタトレーダー４はウィンドウズ、マックOS X、リナックスを搭載したパソコン、iOSおよびアンドロイド搭載のモバイルデバイスでダウンロード可能だ。

さまざまなニーズを持つ多くのトレーダーがメタトレーダー４を使っている。高度なテクニカル分析、フレクシブルなトレードシステム、アルゴトレード、エキスパートアドバイザー、モバイルトレードアプリなど、すべてのスキルレベルのトレーダーに幅広い機会を与えてくれる機能が満載だ。

シグナルとマーケットという付加サービスによってメタトレーダー4の機能を新しいレベルにまで拡張することができる。シグナルはほかのトレーダーの取引を自動的にコピーすることを可能にし、またマーケットではエキスパートアドバイザー（取引ロボット）やテクニカルインディケータを購入することができる。

私の感想

私はメタトレーダー4はFXの自動トレードに使っている。最小のプログラミングですむのがよい。

シンクオアスイム（https://www.tdameritrade.com/tools-and-platforms/thinkorswim/features.page）

私の感想

これはTDアメリトレードのブローカー用社内プラットフォームだ。使ったことはない。

アミブローカー（http://www.amibroker.com/）

私の感想

このプラットフォームは使ったことはないが、コードは見たことがあり、非常に簡単そうだ。このプラットフォームにはほかのプラットフォームにはない特徴がいくつかある。有名なトレード本の著者であるハワード・バンディがアミブローカーとPython（以下を参照）を使っている。

Python（https://www.python.org/）、
R（https://www.r-project.org/）、
マトラボ（https://www.mathworks.com/）

私の感想

これらのプログラミング言語はトレード以外で使ったことがある。どの言語も柔軟性があり、これらの言語を使うトレーダーやプログラマーは増加傾向にある。これらは純粋なトレードプラットフォームというよりも、トレードが可能なプログラミングプラットフォームと言ったほうがよいだろう。オーダーメードのカスタマイズされたソリューションを求める人にはこれらの言語が打ってつけだ。

第9章

トレード用プラットフォームを選んだあとのステップ

TRADING PLATFORM -- NEXT STEPS

トレードプラットフォームを決めたら、さっそくアルゴ開発に取り掛かろう。しかし、アルゴを作成してトレードを始める前に、プラットフォームに関してマスターしなければならない作業がある。以下に示すのは私が行う作業を行う順に示したものだ。

あなたのプラットフォームの「ヘルプ」ソースを知る

どのトレードプラットフォームを選んだとしても、新たなトレードプラットフォームを始めるのには気が遠くなるような作業が待っている。必ずヘルプが必要になる。前の第８章で見てきた一般的なプラットフォームを選んだのであれば、ヘルプはあらゆる場所にあるので安心だ。

まずはソフトウェアベンダーからのヘルプだ。ソフトウェアベンダーにはトレーダーからの質問、特に初心者からの質問に答えるように訓練されたスタッフがいる。しかし、あなたの知識レベルが向上してくると、ほかのユーザーからの情報のほうが役立つことが分かってくるだろう。しかし、まずはベンダーや彼らのオンラインヘルプファイルやビデオにアクセスしたほうがよい。

ベンダーヘルプで覚えておいてもらいたいことは、トレード関係の問題（注文が出されなかった、執行レートが悪いなど）が発生したときは、まずはブローカーのトレードデスクに電話するということである。彼らはあなたの口座に関しては一番よく知っているからだ。だから、トレード関係の問題が発生したときは最適な回答を提示してくれる。テクニカルサポートに電話してくれと言われることがあるかもしれないが、現在のポジションがどうなっているのか分からないときは、私はまずはトレードデスクに電話する。

時にはベンダーはあなたの質問に答えられないこともあるし、十分な時間を割いてくれないときもある。そんなときはサードパーティーを利用すればよい。例えば、ユーチューブにはトレードステーションの役立つビデオが山ほどある。外部ソースの情報は無料の場合もあれば、有料の場合もある。

本当のエキスパートは実際にそのソフトウェアでトレードしているユーザーだと私は思っている。こうしたユーザーにコンタクトする方法を知っておくことは重要だ。彼らは、https://futures.io/ やhttps://www.elitetrader.com/et/ などのトレードフォーラムで見つかることが多い。また、ソフトウェアベンダーのユーザーフォーラムもあり、経験豊富なユーザーやトレーダーがベストアンサーを提供してくれる。私はトレードステーションのユーザーフォーラムをよく利用するが、トレードステーションを使い始めて14年たった今でもよく質問する。学ぶことに終わりはないのだ。

あなたのプラットフォームの基本を学ぶ

新しいプラットフォームを使い始めた初日にアルゴトレード戦略を作成しようなどとゆめゆめ考えてはならない。時間をかけて基本を学び、その仕組みを知ることが重要だ。

子供たちが新しいソフトウェアをいじっているのを見たことはない

だろうか。私には３人の子供がいるが、彼らは新しいソフトウェアを始めるときは怖いもの知らずだ。あらゆるものをクリックしてみる。ソフトウェアが動かなくなったら、シャットダウンして最初から始めることができることを知っているからだ。

プラットフォームを始めるときは、新しいおもちゃで遊ぶ子供になろう。チャートを取り出して、いくつかのインディケーターを描き、あらかじめ準備された戦略をそのチャートに適用してみて、結果を見てみる。探求心を持って遊んでみるのが一番だ。こうすればプラットフォームを早く覚えることができる。

プログラミングの基本を学ぶ

アルゴ開発の最終目的は戦略の開発だ。そこで、まずはプログラミング言語の基本構造を学ぶことから始めよう。if...then ステートメントや買いと売りの注文構文などを学習するのだ。

プラットフォームベンダーには無料のマニュアルやレファレンスガイドやビデオなどがあるし、プログラミング入門講座などの有料のサービスもある。さらに、無料および有料のプログラミングアドバイスを提供するサードパーティー会社もたくさんある。

しかし、包括的なプログラミングマニュアルがあっても、自分で実際にプログラミングして練習することほど効果的なことはない。

そのソフトウェアに付随している戦略を取り出して、そのコードの各ラインが何をしているのか、どう書かれているのかを見てみよう。そしてその戦略をコピーして、それを変更してみよう。小さな変更から始めて、徐々に複雑な変更をしてみよう。

最終的には一から自分の戦略を構築する自信がついてくるはずだ。これは数日しかかからないこともあれば、数週間、あるいは数カ月かかることもあるだろうが、最終的には既存の戦略の変更から自分の戦略を新たに構築するまでになるだろう。

戦略の開発と評価の基本を学ぶ

ソフトウェアが唯一手助けしてくれないのは、正しい方法で戦略を開発することだ。これは、戦略をチャートに適用して、最適化を何回も行い、最適化された結果をライブでトレードするような簡単なことではない。ソフトウェアを使えばこういったことは簡単にできてしまうが、これはやってはならない。

正しい戦略開発と評価は大きなテーマだ。正しい戦略開発について書かれた良い本は何冊かあるが、ロバート・パルドやトマジーニや私の本は正しい戦略開発プロセスを学ぶのに非常に良い本だと私は思っている。彼らや私の本を読んで、あなたの戦略開発にぜひとも生かしてもらいたい。

すべてをまとめてみよう――チャートから戦略開発までの手順

次の第10章では簡単な戦略を作成するが、そのステップに従って戦略の構築方法を学んでもらいたい。私の例ではトレードステーションを使うが、あなたのプラットフォームでも手順は同じだ。これらのステップを完璧にこなせるようなったら、あなた自身のトレードアルゴを作成する準備が整ったことになる。

あなたのプラットフォームを「だます」方法を学ぶ

あなたのプラットフォームを学ぶうえでの最後の仕事は、いかにしてそれをだますかを学ぶことだ。ほぼすべてのトレードプラットフォ

図24　あなたはソフトウェアでこういったインチキアルゴを作成することはできるか？

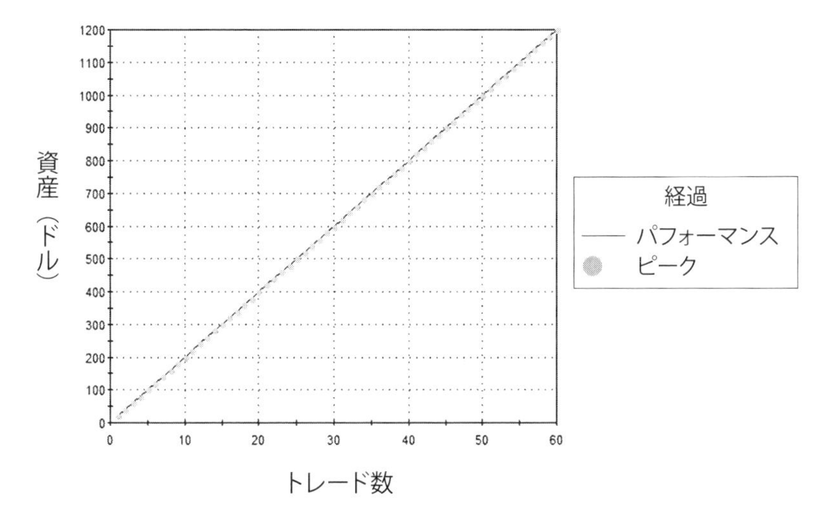

ームには「ゲーム」の要素が含まれている。つまり、印象的な資産カーブを生みだすコードトリックや設定があるということである。例えば、私はこの**図24**の戦略を１分で作成した。トレードするのに完璧に見える。ただし、小さな問題が１つある。それはこの戦略がインチキだということだ。結果はこのトレードソフトのバックテストエンジンを悪用したことで生みだされたものだ。

戦略は偽物だが、完璧に見える資産曲線を作りだす方法をいくつか知っているのであれば、それはあなたがあなたのソフトウェアを十分に知り尽くしている証拠だ。あなたはエキスパートに近づいているということになる。

第10章 それでは始めよう――シンプルなアルゴ例

LET'S GET STARTED -- A SIMPLE SAMPLE ALGO

本章ではシンプルなアルゴ例を見ていく。ここでの焦点はトレードソフトの使い方だ。使っているプラットフォームが何であれ、これらの基本的な作業はできなければならない。

ここで示す例は、堅牢なアルゴを開発するための正式なステップを示すものでもなければ、唯一のステップを示すものでもない。これは本書の範囲を超える。しかし、この例を見れば本書の概念を理解する足掛かりにはなるはずだ。

本章は対話式のガイドと思ってもらいたい。各ステップに従ってあなたのトレードソフトで再現してみよう。前のステップを完全に理解してから次のステップに進んでもらいたい。

注意

本章で示す戦略はトレーダブルな戦略ではない。アウトオブサンプルのパフォーマンスは良くない。これは説明のために例として取り上げる戦略と考えてもらいたい。示したステップは、私がトレードで用いる戦略開発プロセス（商標登録された私のストラテジー・ファクトリー・プロセス）を示すものではない。ここで示したステップを完全に理解したのであれば、初心者レベルを卒業して、本格的にアルゴ戦略開発を始められるレベルに達したことになる。

図25　あなたはプラットフォームでこんなチャートを作れるか？

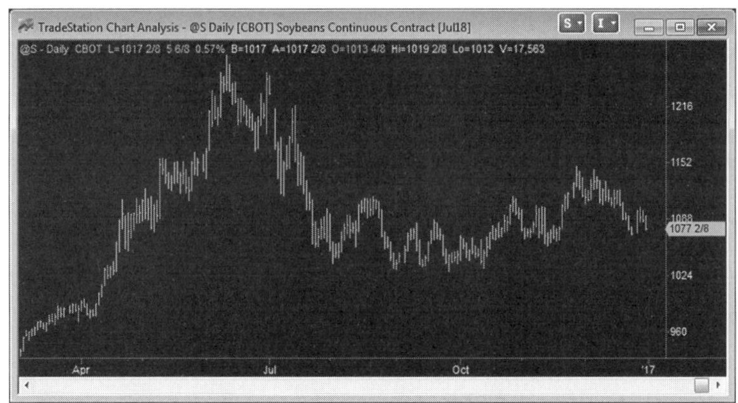

チャートを呼び出す

それでは簡単な作業から始めよう。2007年から今日までの大豆の日々のつなぎ足チャートを開く。開始日は2007年１月１日で、終了日は2016年12月31日とする（**図25**）。

トレードアイデアを着想する

トレードアイデアは「シンプル・イズ・ベスト」だ。この例では、基本的なブレイクアウトシステムを作成する。このシステムは、それまでの高値を上回ったらそれが高値になるというものだ。非常にシンプルだ。

今日の終値が直近X本の足の終値で見て最高値で、かつ15期間ADX（トレンドの総合的な強さを示すテクニカルインディケーター）が20を上回っていたら、買う。売りはこの逆。また損切りは置くが、利益目標は設定しない（「勝ちトレードは利を伸ばせ」）。このタイプのシステ

図26　この戦略をあなたのプラットフォームでプログラミングしてみよう

```
KJD2018-04 AlgoBook 02

input:xbar(10),sl(1000);

//ENTRY:  trade breakout of high/low close

  If high=highest(high,xbar) and ADX(15)>20  then buy next bar at market;

  If low=lowest(low,xbar) and ADX(15)>20   then SellShort next bar at market;


//EXIT:
  setstoploss(sl);
```

ムはトレンド相場ではうまくいくが、トレンドのない相場ではちゃぶつくことが多い。

プログラミングする

このシンプルな戦略をあなたのプラットフォームでプログラミングしてみよう。**図26**に示したものはトレードステーションのイージーランゲージのコードだ。手数料としては往復で５ドル、スリッページは往復で25ドルを想定する（これは非常に重要！）。

戦略をチャートに適用する

ソフトウェアを使って戦略を前に示したチャートに適用する（**図27**）。

最適化

最適化はあまり良い言葉ではないが、適度に使えば役に立つ。変数「X」本の足を最適化してみよう。最小値を５本（短期）として、５本

図27　チャート上にトレードを示してみたが、分かるだろうか？

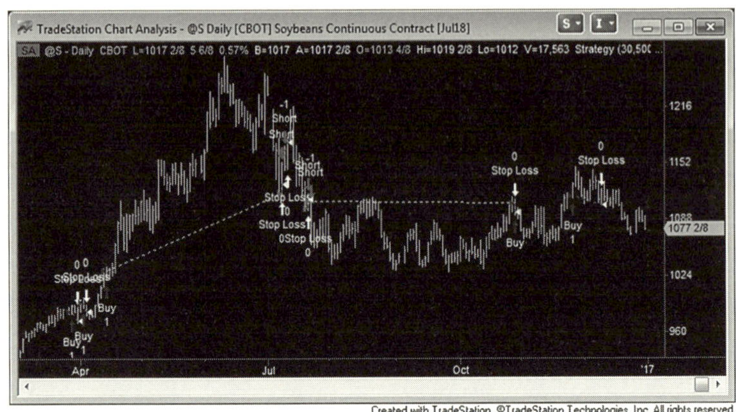

図28　最適化結果

TradeStation Strategy Optimization Report - @S Daily [CBOT] Soybeans Continuous Contract [Jul18]

All data　Robustness Idx Avg: N/A　WFO Suitability: N/A

	(JD2018-04 AlgoBook 02: xbar	(JD2018-04 AlgoBook 02: sl	Test	All: Net Profit	All: Total Trades	All: % Profitable	All: Winning Trades	All: Losing Trades	All: Avg Winning Trade	All: Avg Losing Trade	All: Win/Loss Ratio	All: Avg Trade
1	20	1,000	10	85,571.250	82	19.51	16	66	9,038.75	-894.68	10.10	1,043.55
2	25	500	5	77,122.500	93	16.13	15	78	7,868.33	-524.39	15.00	829.27
3	20	500	4	77,070.000	116	14.66	17	99	7,476.62	-505.38	14.79	664.40
4	20	1,500	16	74,728.750	73	21.92	16	57	8,983.28	-1,210.59	7.42	1,023.68
5	25	1,000	11	73,432.500	71	19.72	14	57	9,009.29	-924.52	9.74	1,034.26
6	15	1,500	15	70,205.000	94	23.40	22	72	7,184.77	-1,220.28	5.89	746.86
7	15	1,000	9	61,103.750	113	18.58	21	92	6,800.95	-888.22	7.66	540.74
8	25	1,500	17	58,875.000	65	21.54	14	51	8,994.11	-1,314.56	6.84	905.77
9	30	500	6	57,600.000	85	12.94	11	74	8,783.64	-527.30	16.66	677.65
10	10	1,000	8	56,375.000	150	26.00	39	111	4,197.88	-967.05	4.34	375.83
11	30	1,000	12	55,738.750	61	18.03	11	50	9,305.23	-932.38	9.98	913.75
12	30	1,500	18	50,982.500	56	19.64	11	45	10,056.36	-1,325.28	7.59	910.40
13	10	1,500	14	47,802.500	132	31.06	41	91	4,115.12	-1,328.76	3.10	362.14
14	15	500	3	41,485.000	163	12.88	21	142	5,381.90	-503.77	10.68	254.51
15	5	1,000	7	38,253.750	313	25.56	80	233	3,002.66	-866.78	3.46	122.22
16	5	1,500	13	19,277.500	287	29.27	84	203	2,935.33	-1,119.66	2.62	67.17
17	5	500	1	19,148.750	404	16.34	66	338	2,861.67	-502.13	5.70	47.40
18	10	500	2	11,888.750	226	15.93	36	190	3,218.96	-547.34	5.88	52.61

刻みで30本（中期）まで増やす。また、損切りも500ドルから500ドル刻みで1500ドルまで増やす（**図28**）。

結果を見てみよう

最適化の結果を見てみよう。最適化への試行は18回行われており、そ

図29　戦略例――アウトオブサンプルテストの結果

資産曲線――シカゴ大豆先物日足（2007/01/02 14:20～2018/04/27 14:20）

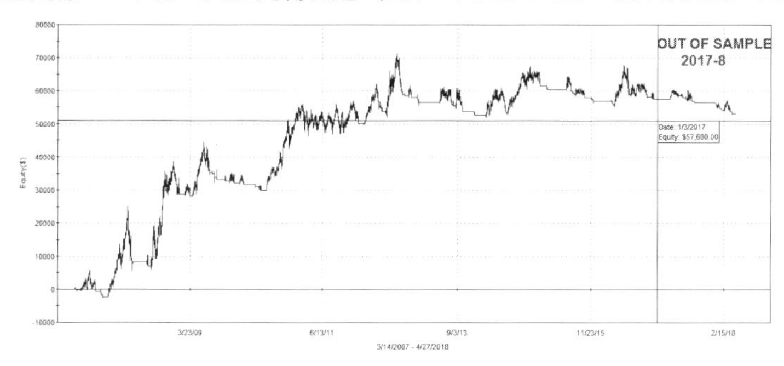

のどれもが利益を出している。これは一般に良いサインだ。問題はどのパラメーターの組を選べばよいかである。純利益が最高の組にするべきかどうか？　口座リターンが平均的なものを選ぶべきかどうか？　勝率が最低のものか？　これをトレードフォーラムで質問すれば、鋭い意見を持つおびただしい数の回答が示されるだろう。完璧な基準などない。どれを選ぶかは個人的な好みと経験による。

どの組を選ぶかについては選択肢は際限なくある。私は戦略を開発するとき、１つの基準に従う。それがウォークフォワードテストだ。

ここで純利益が最大でもなく最低でもない「中間的」なものを選んだとしよう。これは９番目の最適化プロセスで、選んだパラメーターは「xbar=30」、「stop=500」だ。

アウトオブサンプルテスト

パラメーターを選んだら、2017年と2018年で戦略を実行してみる（**図29**）。そのためにはチャートの終了日を変更し、更新されたパフォーマンスリポート（図はなし）を見ればよい。結果は最悪ではない（2017

図30　戦略の自動化ステップ（トレードステーション）

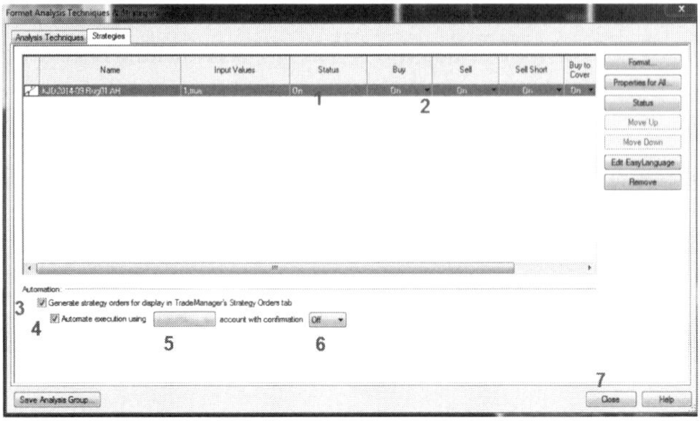

年と2018年の結果が最悪のものだったら、過剰最適化か、カーブフィットした証拠だ）にしても、トレードに使えるほど良いものでもない。アウトオブサンプルテストを繰り返し行えば、それはもはやアウトオブサンプルテストとは言えないので、この時点で戦略は却下する。

自動化

アウトオブサンプルのパフォーマンスを見ると、これはトレードには使えないことが分かる。でも、とにかくこの戦略をトレードするとした場合、これを自動化する必要がある。トレードステーションでの自動化プロセスを示したものが**図30**だ。

第11章

アルゴトレードを成功に導くためのアドバイス

TIPS FOR SUCCESSFUL ALGO TRADING

残念ながら、トレードプラットフォームを学習したりプログラミング言語を学習するだけではアルゴトレードを成功させることはできない。25年以上にわたって先物市場でアルゴをトレードしてきた私から成功するためのアドバイスを伝授しよう。これらのアドバイスが私にとって役立ったように、あなたにとっても役立てば幸いだ。

現実的な期待を持とう

わずか500ドルのトレード口座で、アルゴトレードで年間５万ドル稼ごうとすることほど正気を逸した考えはない。100万人に１人くらいはこれが可能な人がいるかもしれないが、そのほかの人はとてもじゃないが無理だろう。金に目がくらんでトレードを始める人は多い。しかし、ほとんどの人は結局、口座を破産させてしまうのがオチだ。

トレードを始める前にどれくらい儲けられる可能性があるかを理解することは重要だが、それよりももっと重要なのは、アルゴトレードに内在するリスクがどれくらいあるのかを理解することだ。

十分なリスク資本を準備したうえでトレードを始めよう

どれくらいの資本でトレードを始めるかは、成功するかどうかに大きく影響してくる。資本の少ないトレーダーは破産確率が高い。これは数学的に実証されている。トレード口座に数千ドル（あるいはこれよりも少ない）しかないトレーダーにお勧めの方法がある。

1．最初はマイクロFX（標準的な取引単位の100分の１）でトレードしよう。重要なのはお金ではなくて、正しい行動様式を身につけることだ。
2．外部からもっとトレード資金を集めよう。例えば、副業を持つのも一案だ。リスク資本は少なくとも１万ドルは欲しいところだ。これだけあってようやくプロと戦う土俵に立つことができる。

正しい戦略開発を学ぶ

ほとんどの人は間違った方法で戦略を開発している。過剰最適化やカーブフィット、それに多すぎるルール。間違いを指摘すればきりがない。戦略開発は時の試練を経た正しく科学的な方法で行わなければならない。前に紹介した本を読むのもよいだろう。

検証はたくさんのヒストリカルデータを使って行う

バックテストを行うのに過去３カ月の市場データでは不十分だ。市場は絶えず変化している。アルゴ戦略はあらゆる市場状態を生き抜く必要がある。だから、できるだけ多くのデータで検証しなければならない。私は通常10年分のデータで検証する。市場によっては20年分のデータを使うこともある。

スリッページと手数料は必ず含めよう

アルゴを検証するとき、手数料、特にスリッページを考慮しない人が多いのには驚くばかりだ。皮肉なことに、これら２つのフリクショナルコストを含まなければほとんどの戦略は利益を出すが、これらのコストを含めると戦略はたちまち損失を出すものに変わる。

スリッページは市場ごとに異なるが、一般に先物市場のスリッページは１枚当たり往復で25ドルから50ドル程度とするのがよい。

アウトオブサンプルテストまたはウォークフォワードテストを行う

いかさま講師は素晴らしく見える資産曲線で見込み客を魅了する。重要なのは、こうした曲線のほとんどはインサンプルデータで最適化されたものにすぎないということだ。最適化されているのだから、よく見えて当然だ。

どんなアルゴでもアウトオブサンプルテストを必ず行うことが重要だ。できれば私がやっているウォークフォワードテストを行えばなおよい。ウォークフォワードテストはアウトオブサンプルテストを期間をずらしながら連続的に行う再現性テストなのでアウトオブサンプルテストよりも複雑だ。ウォークフォワードテストは最適化したバックテストよりもはるかに現実的だ。

シンプルなのが一番

数年前、あるトレードステーションのユーザーが新しいトレード用コンピューターについて私にアドバイスを求めてきた。彼の戦略は最適化するのに週末ずっとかかりっきりになってしまうと嘆いていた。彼が最適化する変数はおよそ300で、もっと速く最適化する方法はないものかと聞いてきたのだ。彼が必要なのは新しいコンピューターではなくて、戦略をもっとシンプルにすることだと私は言った。彼は私のアドバイスを鼻先で笑って無視した。やがて彼はトレードコミュニティーから姿を消した。いなくなったというのは、偶然だろうか。

まだ見たことのない将来の市場データではシンプルな戦略のほうがうまくいく。ルールをたくさん作れば過去のデータに完璧にフィットするだろうが、そういった戦略は将来的にはうまくいかないことが多い。

戦略はシンプルにすることが重要だ。バックテストではうまくいかないかもしれないが、バックテストでうまくいくことが目的ではないはずだ。トレーダーにはこういった間違った考え方を持っている人がいる。

やめるべきときを知る

アルゴトレードに悪戦苦闘しながらも、やり続ける傾向が私たちにはある。トレードはハードだ。アプローチを変更したり、戦略を変更したり、あるいはトレードをやめてしまわなければならないときもある。起こり得る悪いことに対して準備しておくことが重要だ。そういったプランを立てたらそれに従うことが重要だ。もちろんこういったプランを必要としないことが一番良いが、トレードではやめるべきときを知ることは必要不可欠だ。

トレードの失敗によって、結婚生活が破綻したり、年金口座が破綻したり、経済的に困窮するという悲しい話はよく聞く。物事が最悪になる前にやめていれば、こういったことは防げたはずだ。

第12章

まとめと次なるステップ

CONCLUSION AND NEXT STEPS

本書は非常に短い本だが、個人トレーダーがアルゴトレードについて知っておくべき基本的なことは網羅している。トレードは非常に厳しい世界だが、もしかしたらアルゴトレードはあなたにとって成功への道しるべとなる方法かもしれない。本書に書かれたステップに従えば、あなたが今戦っているプロトレーダーにも引けを取らないくらいのトレーダーになれるかもしれない。しかし、それにはハードワークが必要で、けっしてたやすいことではない。このことを忘れてはならない。

まとめとして、アルゴトレードを行ううえでの主要なステップをおさらいしておこう。

アルゴトレードはあなたに向いているのか

本書ではアルゴトレードを始めるに当たって考えなければならないいろいろなことを述べてきた。アルゴトレードがあなたに向くかどうかはもうすでに判断できているはずだ。アルゴトレードがあなたに向かないのに無理にアルゴトレードを行う必要はない。良いトレードとは、あなたに合ったトレードスタイルでトレードを行うことだ。

プラットフォームを選び、ソフトウェアを学習する

アルゴの開発を真剣に考えているのなら、しっかりとしたトレードプラットフォームを選び、そのプラットフォームのプログラミングを学習し、シンプルなアルゴから始めるのがよい。一番良いのは、実際に使ってみることだ。つまり、実地に体験してみるのが一番良いということである。自分のソフトウェアパッケージの「プロ」になろう。

戦略の正しい構築方法を学ぶ

本書で何度か述べてきたが、正しい戦略開発とは本1冊を丸々要するほどのテーマだ。時間をかけてリサーチを行い、メソッドを進んで共有してくれるアルゴトレードのエキスパートを見つけよう。でも、ほとんどの講師はいかさま師なので注意が必要だ。その講師の講座を受けている人に話を聞いてみよう。その講師のトレード結果が本物なのかどうか第三者検証で確認しよう。すべてを疑ってかかることだ。あなたのアルゴキャリアは物事を正しく行うかどうかによって決まってくるのだ。

私が学んだ方法で学んでみるのもよいかもしれない。

- アルゴを作成する
- ライブでトレードしてみる
- アルゴがうまくいかなければ損をする
- 前に戻ってアルゴの作成アプローチを変更する
- ステップ1からやり直す

でもよく考えてみると、私の方法ではやらないほうがよいかもしれない。あまりにも高くつきすぎるから。

いくつか戦略を構築してみる

戦略を構築するまではアルゴをトレードできるのかどうかは分からない。トレードプラットフォームのことやプログラミングのことを学ぶのは良いことだが、それが最終的な目的ではないことを忘れてはならない。このワナにはまる人は多い。最終的な目的はあくまでアルゴ戦略を構築して、それをトレードすることである。このことを忘れないようにしよう。

実際のお金を使ってトレードする

トレーダーになりたい人はたくさんいる。彼らはトレード知識は豊富だが、実際のお金を使ってトレードした経験はほとんどない。あなたは最終的には実際のお金でトレードしたいと思っているのだろうか。多くの人は実際のお金でトレードするのは怖いと思っている。こういったワナに陥らないようにしよう。

同時に、早くトレードを始めすぎるのも危険だ。特に、資金が少ない場合はそうだ。多くの人はこのワナに陥りやすく、何が起こっているのかを理解する前に口座は破産してしまう。自分はプロトレーダーになるのだということを忘れずに、常にこれを念頭に置いて行動しよう。

パフォーマンスを見直し、変更しよう

アルゴトレードが上達してくると、戦略開発から実際のトレードに至るまでのトレードプロセスに満足してしまいがちだ。利益を出すことが実証された堅実なプロセスは重要だが、同時に、途中でアプローチを見直し、新しい要素を取り入れていくことも重要だ。

自由裁量トレーダーであれ、アルゴトレーダーであれ、個人トレーダーであれプロトレーダーであり、最良のトレーダーは常にトレードを改善し、パフォーマンスを監視し、もっと良いトレーダーになるように努力する人だ。

アルゴトレードで成功するのには長い時間がかかるが、やがては利益を出せるようになる。しかし、どんなことにも言えることだが、それにはスキル、忍耐力、成功するという固い決意が必要だ。これを忘れないようにしよう。

本書もいよいよ終了だ。成功を祈っている。あなたの近況報告を待っている。

本書を読んでくれたことに感謝する。グッドラック！

付録――ボーナス資料

第１部を読み終えた読者のみなさんにボーナス資料を用意した。

http://www.aokbooks.com/ にアクセスして私のニュースレターにサインアップしてもらえば、下記に示すボーナス資料を入手することができる。

- 本書に登場したすべてのコード（トレードステーションフォーマット）
- 初心者向けトレード戦略。これを変更して自分の戦略を作成しよう
- 無料ウェビナーや各種イベントへの招待
- 私が今書いている新しい本に関する予告編
- アルゴトレードに関するそのほかの耳寄り情報
- 第１部に掲載したチャートや図表は、http://www.aokbooks.com/introalgobookfigs.zip にアクセスして、ダウンロードしてもらいたい（英語版のみ）

チャンピオントレーダーの奥義

―― 41の仕掛けと11の手仕舞い

ENTRY AND EXIT CONFESSIONS OF

A CHAMPION TRADER

52 Ways a Professional Speculator Gets In and Out of the Stock, Futures and Forex Markets

by Kevin J. Davey

第2部

ボーナス資料を入手しよう

第２部を読む前に、http://www.aokbooks.com/52book にアクセスして以下のボーナス資料を入手してほしい。

- **「6 Nifty Extras」**　便利なトレードステーション用コード
- **「3 Excellent Entries」44分のビデオ**　本書には書かれていない高度な仕掛けテクニック
- **「9 Terrific Trading Entries, 7 Sensible Exits」**　無料ｅブック――本書には書かれていない新しい仕掛け・手仕舞いテクニック
- **無料のトレードウェビナーへの招待**　定期的なウェビナーとポッドキャストの紹介
- **本書に書かれているすべての仕掛けと手仕舞い**　簡単にインポートできるトレードステーションフォーマットのELDファイル

はじめに

私はトレードが大好きだ。株式、先物、FXなどあらゆるトレードが好きだ。昔、砂糖先物の良さを絶賛するダイレクトメールを受け取ったその日から、私はトレードにはまった。

私はトレードアイデアを発見し、それらを修正してトレード戦略にするのが大好きだ。私が作成するのは「アルゴ」というものだ。これは売買判断を私に代わってやってくれるトレード戦略アルゴリズムのことを言う。私はアルゴのほとんどは自動化する。そうすることで私自身による介入を防ぐことができる。

実際のお金を使って１年にわたって先物をトレードする世界規模のコンテストで、自分の作ったアルゴを使って100％を超える年次リターンを上げてチャンピオンに１回輝き、２回２位入賞を果たした。私が「チャンピオントレーダー」と呼ばれるのはそのためだ。

2017年と2018年のコンテストの優勝者を含め、多くのトレードコンテスト勝者たちを教えてきた。私の成功はアルゴのおかげと言っても過言ではない。私が使っているプロセスを多くの人に教えてきた結果、彼らも成功を手にすることができた。

トレード戦略を開発して、それがどれくらいの利益を生むかを過去のデータで検証して、最終的には実際のお金を使ってトレードする。こんなスリリングなことがほかにあるだろうか。特にリアルタイムトレードで利益が出れば、なおさらだ。

これが私が毎日やっていること――アルゴトレード――である。いくつかの仕掛けや手仕舞いを選んで、それらを組み合わせて戦略に仕立て、その戦略を過去のデータで検証・評価する。検証の結果、もしその戦略が利益を生み、あなたのすべての基準を満たしたら、そのアルゴを市場に解き放つ。それがうまくいけば（すべてのアルゴがいつもうまくいくとは限らない)、そこそこのリスク調整済みリターンを稼ぐことができる。

アルゴを正しく開発するプロセスは複雑だ。これは戦略をチャートに適用して夢中で最適化するといった簡単なものではない。第２部には高度なテクニックは含まれていないが、どんなアルゴにも仕掛けと手仕舞いという２つの基本的な要素が不可欠だ。

第２部はあなたがトレードアルゴを開発できるように手助けをするものだ。このあとのセクションを見ると分かるように、できるだけシンプルにすることを心掛けた。売買シグナルを得るのに仕掛けに10や20の条件、ルール、フィルターを使うことはない（また推奨もしない)。

私の経験によれば、複雑すぎる戦略はうまくいかない。25年以上のトレード経験から言えば、市場も私の意見に賛成してくれるだろう。つまり、「シンプル・イズ・ベスト」ということである。

私はアイデアをシンプルにするだけでなく、コードもシンプルにする。とはいえ、いつもこうだとは限らない。アイデアはシンプルだけど、コードは複雑になることもある。しかし、そういった戦略は第２部には含まれていないので心配は無用だ。

第２部では41の仕掛け法と11の手仕舞い法を紹介する。これらは私が少なくとも１つの、時には複数の戦略のなかで使っていたり、過去に使ったり、徹底的に検証したり評価したものばかりだ。したがって、すべて実践の試練に耐えたもので、リアルタイムトレードでも実証されている。しかし、私の言葉をうのみにしないで、自分で検証してみてもらいたい。

すべての仕掛けがすべての市場やすべての時間枠でうまくいくとは限らない。これは手仕舞いについても同じだ。しかし、私が提示する仕掛けや手仕舞いはいろいろな市場状態でうまくいくことが多い。

注意　私は基本的には先物トレーダーだが、第２部で提示した仕掛けや手仕舞いは株式、CFD（差金決済取引)、FX（外為取引）などにも適用可能だ。しかし、これらの市場で検証してみる必要がある。

それでは始めることにしよう。

第２部には当てはまらないこと

何の努力もしないですぐにトレードできるレディーメードの戦略を期待して本書を買ったのなら、すぐに返品したほうがよい。

この第２部はトレード戦略を何から何まで手取り足取り教えることを意図したものではない。というのは、第一に、市場、時間枠、パラーメーターなど、あなたが戦略を開始するのに必要なすべてのことが定義された、現実世界でうまくいくような完璧な戦略を提供すれば、あなたは本書を買うのに支払ったお金よりもはるかに多くのお金を支払わなければならなくなるからだ。私の知る成功したアクティブトレーダーは利益の出る完璧な戦略を無料や、安い価格で提供することはない。インターネットで最低コストや無料で「秘密」の戦略を教えますよ、というトレード講師に出くわしたら、このことを思い出してもらいたい。

第二に、公開された戦略は公開後は品質が低下する傾向があるからだ。これがただ単に通常の戦略の品質低下サイクルなのか、戦略が公開されたために多くのトレーダーがいきなりその戦略をトレードし始めたためにエッジがなくなったのかは分からない。おそらくはこれらの両方によるものだろう。しかし、公開されたどんな完全戦略でもそれほど長くは高いパフォーマンスは維持できない。

最後に、戦略を与えるだけというのは、私の哲学に反するからだ。つまり、「魚を１匹やれば１日食いつなぐことができるが、魚の取り方を教えてやれば一生食いはぐれることはない」ということである。

例を見てみよう。息子をある大学に入れたくて仕方がない私の友人は、出願時に必要な小論文を息子に代わって書いてやった。これは、父親、息子、あるいは学校にとって良いことだろうか。そんなことはない。

トレーダーに何匹かの魚をあげるよりも、魚の取り方を教えたほうがはるかに良いと私は思っている。第２部はそういう意図で書かれたものだ。第２部にはあなたが戦略を自分自身で作成することができるように、つまり自分で魚を釣りあげることができるように、たくさんのエサと道具がぎっしり詰まっている。

あなたには本書の第２部に出てくるアイデアを検証し、それらを組み合わせたり変更したりしてみてもらいたい。つまり、この第２部に出てくるアイデアはあなたのアルゴトレードスキルと戦略構築能力を向上させるのに使ってもらいたいということである。こうすることでトレードをするうえでの自信がつくはずだ。自給自足のトレーダーになりたい人はこうした自信を持つことは不可欠だ。

先ほどの話の続きだが、結局、その息子は出願自体を拒否された。これが彼らにとって良い教訓になったかどうか、そのあとのことは知らない。

第２部の構成

仕掛けと手仕舞いはそれぞれ１つずつ分けて紹介している。各仕掛けと手仕舞いには次の項目が含まれている。

基本的な考え方についての簡単な説明

良い仕掛けや手仕舞いの背景には論理的な根拠がなければならないと私は思っている。ここが私と機械学習純粋主義者の違うところだ。例えば、「13本前の足の終値が47本前の足の終値を上回ったら、買え」という機械学習プログラムがあったとすると、それはヒストリカルデータではうまくいくかもしれない。しかし、13本前の足の終値と47本前の足の終値には何らかの関係があるのだろうか、あるいは「目の見えないリスでも最後には木の実を見つけることができる」といったようにまったくランダムに選ばれたものなのだろうか。機械学習は利益の出る関係を見つけるのはうまいが、それらはすべて見せかけでしかない。つまり、利益が出るのは偶然でしかないということである。私は自分が合理的に説明できて理解できる仕掛けや手仕舞いのほうが好きだ。

トレードステーションのイージーランゲージコード

マルチチャートを使っているのなら、ここに示したコードはそのプラットフォームでも使えるが、コードをあなたの好みのプラットフォームで使うには、私が書いた平易な言語表現やイージーランゲージコードはそのプラットフォーム用に変換する必要がある。イージーランゲージがこう呼ばれるのにはちゃんとした理由がある。イージーランゲージは私の好みのトレード戦略プログラミング言語だ。戦略を速くプログラミングしたいのであればイージーランゲージを使うことをお勧めする。

平易な言語表現

トレードステーションを使わない人のためにコードの平易な言語表現も含めた。これを読めばあなたの好みのプログラミング言語でプログラミングできるはずだ。ただし、私が使っているトレードステーションの特徴や機能のなかには、あなたのソフトウェアプラットフォームにはないものもあるかもしれない。そんなときは追加的なプログラミングが必要になるだろう。

チャート例

仕掛けのなかには、その仕掛けの資産曲線に簡単な手仕舞いを加えたチャートが示されているものもある。この第２部の目的は明日から使える完璧な戦略を提供することではなく、あなた自身の戦略を構築するのに必要なものを提供することにある。したがって、これらの資産曲線のチャート例はどういったことが可能なのかについてアイデアを得るのに役立つはずだ。しかし、そのアイデアを得られるかどうかはあなた次第だ。

注意　第２部で提供する仕掛けや手仕舞いのアイデアのなかには私が創案者ではないものもある。読んだ本、雑誌の記事、インターネットなどからヒントを得たものもある。しかし、そのほとんどは、出所がどこなのかははっきりとは覚えていない。通常はアイデアを見つけたら、すぐに私の好きなように修正する。第２部の仕掛けや手仕舞いについてもほとんどがそうだ。創案者がはっきりしているときには創案者の名前を明記するように心掛けた。

第２部のお勧めの読み方

第２部は150ページくらいのものだが、あなたを何年にもわたって戦略の開発に忙しくするだけの情報量はある。これではかなり大変な作業量になるので、第２部のお勧めの読み方を述べておきたい。

1．第２部を最初から最後までひととおり読む。個々の仕掛けや手仕舞いについてはあとでじっくり調べればよいので、今のところはさらっと読む程度でよい。でも、すべての項目に目を通すようにしよう。これは将来的な作業を行ううえでの基礎になる。

2．それぞれの仕掛けや手仕舞いをどのように検証するかについてきちんとした計画を立てる。検証する市場、時間枠（30分足、60分足、日足など）などを決める。最も重要なのは、どういった方法で作成した戦略を検証するかである。私が使っている検証プロセスについては第２部の最後に紹介する。うまくいくことが分かっている検証プロセスを使うことが重要だ（つまり、リアルタイムトレードで利益を出す戦略を生みだすような検証プロセス）。単に最適化するだけではうまくいかない。

3．全部で52の手法（41の仕掛けと11の手仕舞い）を紹介しているので、１年間毎週１つずつ選んで検証してみる。例えば、第１週目は仕掛け１を選び、１つか２つの手仕舞いを追加して、それで検証してみる。その１週間の間に、仕掛けにフィルターを追加したほうがよいとか、与えられたコードを簡単化したり変更したほうがよいといったことが分かってくるはずだ。

　第２週目は仕掛け２を検証する。同じプロセスを１年間毎週繰り返す。つまり、本書の検証には1年かかるということになる。

時間のある人は1週間に2つの仕掛けと手仕舞いを検証してもよい。重要なのは、どの1つの仕掛けや手仕舞いにも時間をかけすぎないことだ。私がストラテジーファクトリーの生徒にいつも言っているように、軽く触れる程度にしておこう。仕掛けが良い結果を出すまで検証し続けることは簡単だ（私はこれを「拷問によって検証を成功させる」と呼んでいる）。しかし、こんなことをしてもカーブフィットされたり、過剰最適化されたクズのような結果が得られるだけだ。

4. 反転シグナルのことを忘れるな。仕掛けたら、そのシグナルを反転させることで、検証する仕掛けの数は2倍になる。

5. 検証を行って、がっかりしないでほしい。本書の実証された仕掛けや手仕舞いであっても、検証のほとんどは残念な結果に終わるだろう。本書で提示された仕掛けや手仕舞いのすべてがどの市場でもうまくいくわけではない。万能な仕掛けや手仕舞いなどないのだ。トレードと同じように良いトレード戦略を見つけるのは至難の業だ。ツイッターで見るよりも難しいのは明らかだ。ツイッターでは損をするトレーダー（ツイーター）はいないのだから。

6. 検証する前に、あなたの戦略には次の要素のすべて（第2部からのものか否かとは無関係に）が含まれていることをチェックしよう。

●買いの仕掛けルール

●売りの仕掛けルール

●買いポジションの手仕舞いルール

●売りポジションの手仕舞いルール

- ポジションサイジング（必要に応じてあとで追加してもよい。私はいつもそうしている）
- その他（http://www.aokbooks.com/ のボーナス資料のなかでは追加的情報を提供）

7. あなたのやっていることを記録しておこう。何を検証して、検証がうまくいったもの、うまくいかなかったものなどの記録をつけておこう。こうしておけばあなたの進歩の状態を把握できるし、同じ検証や分析を繰り返すこともない。

8. 実際にやってみよう。良い戦略を作成する唯一の方法は、何はともあれ開発・検証をスタートさせることだ。

それでは始めることにしよう。

仕掛け❶　「流れについて行け」

基本的な考え方

トレードにはよく聞かれる２つの格言がある――「モメンタムの方向にトレードせよ」と「損切りは早く」だ。この仕掛けはこれら２つの格言を体現したものだ。

まず、この仕掛けは１本の足のモメンタム（「現在の足の終値－前の足の終値」）を使う。つまり、この非常に短いモメンタムの方向にトレードするということである。

２つ目の条件は、損失になったら、ドテンする。

私はこの仕掛けは貴金属セクターで使ったことがある。

イージーランゲージコード

```
Var: openloss(1000); //allowable loss per contract

if close<close[1] and (openpositionprofit<-openloss or
marketposition=0) then sellshort next bar at market;
if close>close[1] and (openpositionprofit<-openloss or
marketposition=0) then buy next bar at market;
```

平易な言語表現

現在の足の終値が前の足の終値を下回って、現在の保有ポジションの総損益が損失になったときは成り行き注文でドテン売りする、または保有しているポジションがないときは成り行き注文で売る。

　買いポジションを取るときはこの逆。

仕掛け❷ 「みんな金曜日が大好き」

基本的な考え方

この仕掛けは１週間に１回だけ——月曜日の寄り付き（または市場によっては日曜日の夜）に——仕掛ける。金曜日の終値が直近の終値の最高値だったら、次の足の寄り付きで買う。

この仕掛けを作成したとき、この仕掛けは毎週金曜日にポジションを評価するので、ポジションを週末にかけて保有するものだと思っていた。それが私の意図するものだったが、時にはプログラマーの意図と実際のプログラムが合致しないこともある。

したがって、この戦略は週末前には仕掛けない。

もちろん、この仕掛けは何曜日でも仕掛けることができるようにすることもできるが、私にとっては金曜日の引けに基づいて、月曜日の寄り付きで仕掛けるのが最もうまくいくことが分かった。

この仕掛けを使うときの時間枠は日足だ。これをＸ分足で使うと、その日の一番最後の足でのみシグナルが出るようにコードを修正する必要がある。

この仕掛けはいろいろなエネルギー市場で使ったことがある。

イージーランゲージコード

```
Var:bbars(25); //number of lookback bars for the highest/
lowest evaluation
```

```
if dayofweek(date)=5 and close=highest(close,bbars) then buy next bar at market;
if dayofweek(date)=5 and close=lowest(close,bbars) then sellshort next bar at market;
```

平易な言語表現

今日が金曜日で終値が直近X日間での最高値なら、次の足の寄り付きで成り行きで買う。

売りはこの逆。

仕掛け❸　「本は偉大だ」

基本的な考え方

トレード本は新しいトレードアイデアを提供してくれるので、私はトレード本を読むのが大好きだ。でも、本で見つけた戦略をそのままトレードすることはない。戦略は私の好みに合わせて修正してから使う。

この仕掛けもそんな仕掛けの１つだ。この仕掛けは、トゥーシャー・シャンデが書いた『**売買システム入門――相場金融工学の考え方→作り方→評価法**』（パンローリング）という素晴らしいトレード本からヒントを得たものだ。

シャンデの本に載っていた戦略はロングオンリーの仕掛けだったが、私は買いでも売りでも使えるように修正した。

この仕掛けは株式と株価指数で使ったことがある。

イージーランゲージコード

```
Var: shortma(5), longma(10);// short and long moving average lengths

If average(close,shortma) crosses below average(close,longma) and close<average(close,shortma) then buy next bar at market;
If average(close,shortma) crosses above
```

```
average(close,longma) and close>average(close,shortma) then
sellshort next bar at market;
```

平易な言語表現

短期移動平均（長さはshortma）と長期移動平均（長さはlongma）を計算する。

短期移動平均線が長期移動平均線を下に交差し、終値が短期移動平均線を下回っていれば、次の足の寄り付きで成り行きで買う。

売りの場合はこの逆。

仕掛け❹ 「条件付きのブレイクアウト」

基本的な考え方

だれしもシンプルなブレイクアウトアプローチ――高値が更新されたら買う――を試してみたことはあるはずだ。これはまったく理にかなっている。上昇トレンドとは、次々と上方にブレイクアウトしていくことを言う。

問題はほとんどの場合、ブレイクアウトはダマシになるということだ。ダマシをどう定義するかによっても違うが、統計学的には70%から80%のブレイクアウトはダマシになる。興味深いのは、80%がダマシであるにもかかわらず、ブレイクアウトが成功して大きなトレンドが形成されれば、ブレイクアウトは利益を出すということだ。

この仕掛けではダマシのブレイクアウトを避けるために、追加的基準としてADXインディケーターを使う。ADXとは現在の全体的なトレンドの強さを測定したもので、値が大きいほどトレンドが強いことを意味する。

この仕掛けはADXがトレンド相場でないことを示しているときだけシグナルを受け入れる。これは直感に反するように思えるかもしれないが、トレンドがないときにブレイクアウトすると、強いトレンドが形成される可能性が高いという考えが背景にある。

この仕掛けは貴金属で使ったことがある。

シンプルな損切りと利益目標を加えた仕掛け４の資産曲線

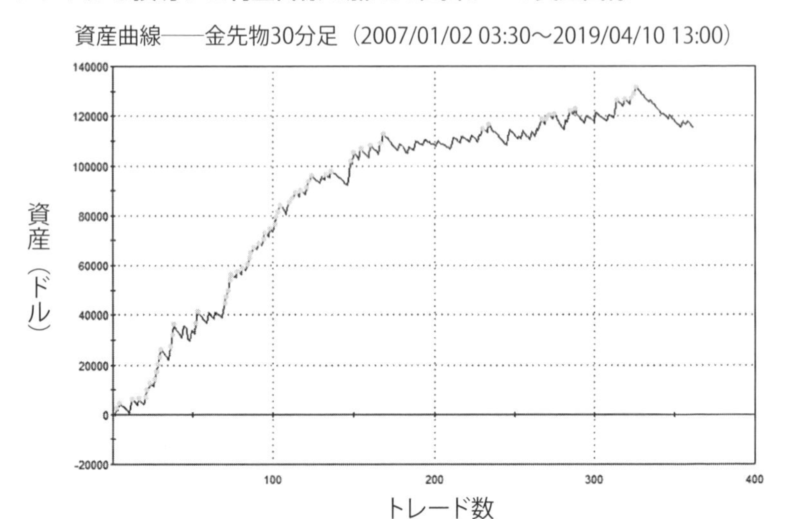

イージーランゲージコード

```
Var: len(10); // length of the lookback period for the breakout

If adx(15)< 20 then Buy next bar at highest(high,len) stop;
If adx(15)< 20 then Sellshort next bar at lowest(low,len) stop;
```

平易な言語表現

15期間ADXインディケーターを計算する。ADXの現在の値が20を下回っているときのみトレードする。

次の足で直近10期間の足の最高値に逆指値注文を置いて買う。

売りの場合はこの逆。

仕掛け❺　「ATRをベースにしたブレイクアウト」

基本的な考え方

この仕掛けは**仕掛け４**に似ている。いずれもブレイクアウトを基にしたものだ。この仕掛けが仕掛け４と異なるのは、シグナルが出るには直近のATR（真の値幅の平均。アベレージトゥルーレンジ）の固定係数倍で測定したブレイクアウトが十分に大きくなければならないという点だ。高値を更新する程度ではシグナルは出ない。十分に大きな動きがあって初めてシグナルが出る。

もっと重要なのは、１本の足が長大線になることだ。こうした大きな動きは高確率のブレイクアウトを「予測」するうえで役立つ。

この仕掛けは穀物とほかの農産物市場で使ったことがある。

イージーランゲージコード

```
Var: XX(1); //multiplier for average true range
Var:ATRval(15); //lookback period for ATR calculation

Buy next bar at close+XX*AvgTrueRange(ATRVal) stop;
Sellshort next bar at close-XX*AvgTrueRange(ATRVal) stop;
```

平易な言語表現

次の足に「現在の足の終値＋ATR（この場合は15期間）×係数（固

定)」逆指値注文を置いて買う。売りの場合はこの逆だが、その場合の仕掛け値は「現在の足の終値－ATR×係数（固定)」になる。

仕掛け❻ 「パーセンタイル」

基本的な考え方

この仕掛けの背景にある考え方は、現在の足の終値が直近レンジの下半分にあれば売り、その逆であれば買ったほうがよい、というものだ。これはうまくいくのだろうか。うまくいくが、すべての市場でいつもうまくいくとは限らない（だから検証を行うのだ）。しかし、一般には、価格が安いと価格はさらに下落する傾向があり、価格が高いと価格はさらに上昇する傾向がある。

そこで役立つのがADXフィルターだ。ADXはトレンドが強いかどうかを示すものだが、それほど強くないトレンドのときにのみ仕掛ける。このフィルターを使えば、価格が小さなレンジの高値と安値を行ったり来たりする、長期間にわたって価格が動かない期間を避けることができる。

イージーランゲージコード

```
Var: xbars(25); //lookback period for percentile calculation

Value1=percentile(.25,close,xbars); //price at 25th percentile
Value2=percentile(.75,close,xbars); //price at 75th percentile

If ADX(14) >20 AND ADX(14) <30 AND close<Value1 then
sellshort next bar at market;
```

```
If ADX(14) >20 AND ADX(14) <30 AND close>Value2 then buy next bar at market;
```

平易な言語表現

まず、直近25本の足を見てみる。その足の終値の25パーセンタイルを計算し、その値をValue1とする。また、終値の75パーセンタイルを計算し、その値をValue2とする。

14期間ADXの値が20を下回るか30を上回る場合、トレードはしない。

14期間ADXの値が20を上回りかつ30を下回る場合、現在の足の終値がValue1を下回るときは売り、現在の足の終値がValue2を上回るときは買う。

仕掛け❼　「日中のブレイクアウト」

基本的な考え方

この仕掛けは非常に短い日中のブレイクアウトを基にしたものだ。これは日足チャートではうまくいかない。このパターンがうまくいくには時間枠の選択が重要になる。

これは高値と安値のシンプルなブレイクアウトパターンだ。自分で定めたoffset幅で定義したブレイクアウトの方向にトレードする。この仕掛けではADXフィルターも使う。強いトレンド相場である（ADXの値が高い）ときにのみ仕掛ける。ただし、シグナルを受け入れるのはその日のある時間帯のみだ。例えば、エネルギーをトレードしているとすると、ブレイクアウトするのは大概は10時30分から11時30分（EST）の間で、株式の場合はブレイクアウトするのはおおよそ９時45分から10時45分の間だ。

もちろんブレイクアウトシグナルをもっと「意味のある」時間帯に制限すれば、複雑さは増すが、より良い仕掛けシグナルを得ることができる。検証して調べてみよう。

イージーランゲージコード

```
Var: tbeg(945); // signal window start time
Var: tend(1045); //signal window end time
Var: offset(.1); //additional amount the price has to break the high or low before entering a trade - can be zero if desired
```

シンプルな利益目標と損切りを加えた仕掛け７の資産曲線

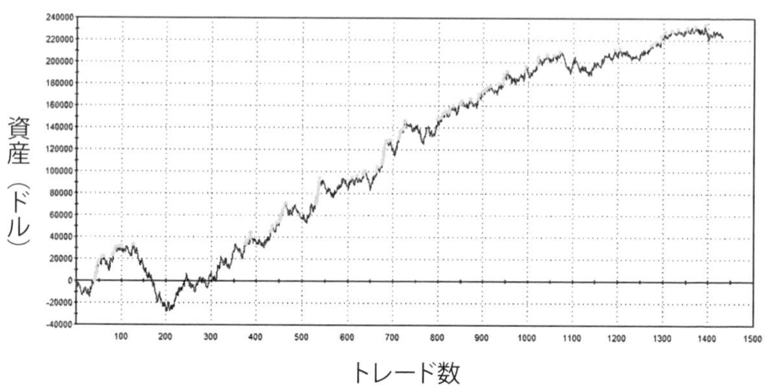


```
Var: adxP(10); // ADX lookback period
Var: adxThresh(20); // ADX threshold for signifying a trend

if time>=tbeg and time<=tend then begin
if EntriesToday(date[0])<1 and adx (adxP) >= AdxThresh then
begin
buy next bar at highd(1) + Offset Points stop;
sellshort next bar at lowd(1) - Offset points stop;
end;
end;
```

平易な言語表現

まず最初に現在の足の時間が９時45分から10時45分の間の時間帯にあることを確認しよう。このウィンドウの時間帯だけが有効なトレードシグナルを受け入れる時間帯だ。

次に、このほかに今日の仕掛けがなかったことを確認しよう（もちろん、仕掛けの最大数を変更することは可能）。

最後に、直近10期間のADXインディケーターを計算する。その値が自分で定める閾値であるAdxThresh以上なら、有意なトレンドが存在することになるのでトレードすることができる。

上の条件がすべてそろったら、買いと売りの注文を出す。買い注文の価格は、前日の高値＋offset値になり、売り注文の価格は前日の安値－offset値になる。いずれも逆指値で注文を出す。

仕掛け❽「レンジを拡大した日中ブレイクアウト」

基本的な考え方

この仕掛けは基本的には**仕掛け７**と同じだが、１日前のレンジが２日前のレンジよりも大きくなければならないという条件が加わる点が異なる。この仕掛けの背景にあるのは、直近２日間でレンジが拡大したのであれば、それは継続する傾向がある、という考え方だ。つまり、上昇は上昇を生むということである。

この仕掛けは非常に短い日中のブレイクアウトを基にしたものだ。これは日足チャートではうまくいかない。このパターンがうまくいくには時間枠が重要になる。

これは高値と安値のシンプルなブレイクアウトパターンだ。自分で決めたoffset幅で定義したブレイクアウトの方向にトレードする。また、この仕掛けではADXフィルターも使う。強いトレンド相場である（ADX値が高い）ときにのみ仕掛ける。ただし、シグナルを受け入れるのはその日のある時間帯のみだ。例えば、エネルギーをトレードしているとすると、ブレイクアウトするのは大概は10時30分から11時30分の間で、株式の場合はブレイクアウトするのはおおよそ９時45分から10時45分の間だ。

もちろんブレイクアウトシグナルをもっと「意味のある」時間帯に制限すれば、複雑さは増すが、より良い仕掛けシグナルを得ることができる。検証して調べてみよう。

イージーランゲージコード

```
Var: tbeg(945); // signal window start time
Var: tend(1045); //signal window end time
Var: offset(.1); //additional amount the price has to break the high or low before entering a trade - can be zero if desired
Var: adxP(10); // ADX lookback period
Var: adxThresh(20); // ADX threshold for signifying a trend

if time>=tbeg and time<=tend then begin
if EntriesToday(date[0])<1 and adx (adxP) >= AdxThresh and (highd(1)-lowd(1) > highd(2)-lowd(2)) then begin
buy next bar at highd(1) + Offset Points stop;
sellshort next bar at lowd(1) - Offset points stop;
end;
end;
```

平易な言語表現

まず最初に現在の足の時間が９時45分から10時45分の間の時間帯にあることを確認しよう。このウィンドウの時間帯だけが有効なトレードシグナルを受け入れる時間帯だ。

次に、このほかに今日の仕掛けがなかったことを確認しよう（もちろん、仕掛けの最大数を変更することは可能）。

また、昨日のレンジ（昨日の高値－昨日の安値）は２日前のレンジ（２日前の高値－２日前の安値）より大きくなければならない。

最後に、直近10日間のADXインディケーターを計算する。その値が自分で定める閾値であるAdxThresh以上なら、有意なトレンドが存在することになるのでトレードすることができる。

上の条件がすべてそろったら、買いと売りの注文を出すことができる。買い注文の価格は、前日の高値＋offset値になり、売り注文の価格は前日の安値－offset値になる。いずれも逆指値で注文を出す。

仕掛け❾ 「曜日に基づくトレード」

基本的な考え方

これまで長くトレードしてきた経験の持ち主は、市場によってパフォーマンスが高くなったり低くなったりする曜日があることに気づいているはずだ。これは定期的に出される政府の統計発表によるものと思われるが、ほかにも理由があるかもしれない。しかし、曜日によってうまくいく市場が異なるのは事実だ。

この仕掛けは日々のバイアスを利用したものだ。

しかし、注意点が１つある。このコードを使って曜日を最適化してはならない。例えば、最適化によって金（ゴールド）市場が火曜日にパフォーマンスが高いことを発見したとしよう。これは重要なことだが、月曜日から金曜日まで検証すれば、必ずある１つの曜日のパフォーマンスは高くなる。これは本当にそうなのだろうか、それとも最適化による見かけ上のものなのだろうか。

私はこの種のコードを使うときは、なぜ特定の曜日のパフォーマンスが高くなるのか理由を調べることにしている。できれば検証を行う前に理由が分かるのが理想だ。

例えば、エネルギーの報告書は毎週水曜日に出る（https://www.eia.gov/petroleum/supply/weekly/）。したがって、この戦略がトレードすべきものは、水曜日（水曜日のみ）の大きな値動きであるという結論に達するはずだ。これは健全な論理だ。

こういったアプローチは単に機械的に曜日を最適化するだけよりもはるかに良い。

政府の各種報告書の発表日については、https://www.investing.com/economic-calendar/ を参照してもらいたい。

この仕掛けは追加的トリガーとしてその日の時間帯を使うので、分足が必要になる。時間的制約を取り除けば、日足も使うことができる。

イージーランゲージコード

```
If time=935 and dayofweek(date)= 3 then Buy next bar at highd(1) stop;
If time=935 and dayofweek(date)= 4 then SellShort next bar at lowd(1) stop;
```

平易な言語表現

水曜日の９時35分に次の足で昨日の高値に逆指値を置いて買う。そして、木曜日に水曜日の安値に逆指値を置いて売る。

上記からも分かるように、このコードではトレードはあまり多く発生しない。注文が１本の足（９時35分の足のあとの足）で有効なだけでなく、価格が９時35分の足の間に昨日の高値を上回るか、安値を下回らなければならないからだ。したがって、トレードがそれほど多く発生しなくても驚くには当たらない。

仕掛け⑩ 「曜日に基づく高度なトレード」

基本的な考え方

この仕掛けを使う前に**仕掛け９**を十分に見直して理解することが重要だ。これは基本的には**仕掛け９**と同じだが、１つ条件が加わる。

検証によってこれはうまくいくことが分かっているが、この仕掛けでは条件、フィルター、制約などを加えたり削除したりといろいろな仕掛けを考えることができる。これはすべての仕掛けに通じることだ。自分自身の戦略を開発するときには、これらの仕掛けにあなたの好みのアイデアを加えて修正するのがよい（私の場合、モメンタムが役立つことが分かったのでモメンタムを加えた）。

イージーランゲージコード

```
Var: xbars(10); // lookback period for momentum

If time=935 and dayofweek(date)= 3 and close>close[xbars]
then Buy next bar at highd(1) stop;
If time=935 and dayofweek(date)= 4 and close<close[xbars]
then SellShort next bar at lowd(1) stop;
```

平易な言語表現

水曜日の９時35分に現在の足の終値が10本前の足の終値を上回って

いれば、次の足で昨日の高値に逆指値を置いて買う。そして木曜日に現在の足の終値が10本前の足の終値を下回っていれば、次の足に水曜日の安値に逆指値を置いて売る。

　この仕掛けは、**仕掛け９**よりも出るトレードは少なくなるので注意が必要だ。

仕掛け⑪　「一定の曜日によらないトレード」

基本的な考え方

仕掛け９ではトレードする曜日を選んだが、曜日を選ばないとするとどうなるだろうか。例えば、木曜日ではなくて、木曜日以外の曜日が買うのに適している場合もある。

このコードでは特定の曜日は使わない。この仕掛けでは、水曜日を除くすべての曜日で買うことができ、木曜日を除くすべての曜日で売ることができる。

仕掛け９でも述べたように、特定の曜日に仕掛けたり、仕掛けなかったりするには正当な理由があるのが望ましい。正当な理由がなければ、最適化による「最高」の日は単なるデータマイニングバイアスによるものである可能性が高い。

イージーランゲージコード

```
If dayofweek(date)<> 3 then Buy next bar at highd(1) stop;
If dayofweek(date)<> 4 then SellShort next bar at lowd(1)
stop;
```

平易な言語表現

水曜日以外の曜日に前日の高値に逆指値を置いて買う。木曜日以外の曜日に前日の安値に逆指値を置いて売る。

仕掛け⑫　「RSIトリガー」

基本的な考え方

RSI（相対力指数）はウエルズ・ワイルダー・ジュニアが開発した伝統的な指標だ。RSIはいろいろな戦略で使える。

RSIは買われ過ぎや売られ過ぎを示すインディケーターで、70〜80は買われ過ぎとみなされており、将来的には安くなる可能性を示す。また、20〜30は売られ過ぎを示し、RSIの値がここまで下がると、価格はリバウンドして上昇に転じることが多い。

RSIのような指標が実際に機能するのかどうかはここでは議論するつもりはない。機能する場合もあれば、機能しない場合もある。これまで何回も述べてきたように、こういったことは検証してみなければ分からない。バックテストの損益を見れば、RSIがそういった特定の状態で機能するかどうか分かるはずだ。

この仕掛けは株式、ETF（上場投信）、株価指数で使ったことがある。

イージーランゲージコード

```
Var: RSILength(5); //RSI lookback period
Var: RSIThreshold(80); //RSI threshold
Var: XBars(5); //moving average lookback period

If RSI(Close,RSILength)< RSIThreshold And Close >
```

```
Average(Close,Xbars) Then buy next bar at market;
  If RSI(Close,RSILength)> 100-RSIThreshold And Close <
Average(Close,Xbars) Then Sellshort next bar at market;
```

平易な言語表現

まず、５期間RSIを計算する。

RSIの値が80を下回り、終値が直近５日間の終値の平均を上回っていれば、次の足の寄り付きで成り行きで買う。

RSIが20を上回り、終値が直近５日間の終値の平均を下回っていれば、次の足の寄り付きで成り行きで売る。

仕掛け⑬　「条件を伴う移動平均線の交差」

基本的な考え方

標準的な移動平均線の交差シグナルのことはだれでも知っているはずだ。速い（短期）移動平均線が遅い（長期）移動平均線を上に交差したら買う。下に交差したら売る。

このタイプのシグナルは以前はうまく機能していたが、新しいアルゴトレーダーが市場に参入するように、母親、祖母、そして曽祖母まで、だれもかれもがトレードを始めたおかげでこのシグナルの有用性は薄れてしまった。

しかし、すべてが機能しなくなったわけではない。この仕掛けはこの「古い」シグナルに基づくものだが、非常にうまく機能している。ただし、条件を加える。短期移動平均線が長期移動平均線と交差し、現在の足の終値が前の足の安値や高値からあまり離れていないときだけ、この移動平均線の交差シグナルを受け入れる。現在の足の終値が前の足の安値や高値から離れているというのは、価格が一時的に急騰したり急落したりしているため、移動平均線の交差は機能しなくなる。

この仕掛けはソフトコモディティと農産物の先物に使ったことがある。

イージーランゲージコード

```
Var: FastLength (10), SlowLength(20); // moving average
lengths
```

```
Var: XX(3); // threshold (measured in price of instrument) for valid signals

If Average(Close, FastLength) crosses above Average(Close, SlowLength) and close<low+ XX then Buy next bar at market;
If Average(Close, FastLength) crosses below Average(Close, SlowLength) and close>high - XX then Sell Short next bar at market;
```

平易な言語表現

まず、短期移動平均線と長期移動平均線を計算する。

短期移動平均線が長期移動平均線を上に交差し、現在の足の終値が「前の足の安値＋閾値」を下回っていれば、次の足の寄り付きで成り行きで買う。

短期移動平均線が長期移動平均線を下に交差し、現在の足の終値が「前の足の高値－閾値」を上回っていれば、次の足の寄り付きで成り行きで売る。

仕掛け⑭「スプリットウイーク　パート１」

基本的な考え方

仕掛け９では特定の曜日に基づくトレードについて議論した。この**仕掛け14**の考え方は**仕掛け９**と同じで、それを発展させたものだ。これは週の半ば（火曜日、水曜日、木曜日）のトレードは週末の前後（金曜日と月曜日）のトレードとは違うという考え方に基づいたものだ。

この仕掛けでは火曜日、水曜日、木曜日にシグナルが出る。

現在の足の高値と終値が両方とも最高値だったら買う。売りの場合はこの逆だ。条件が１つ加わるが、それがボラティリティフィルターだ。これは、ボラティリティ（ATRで測定）が高いときにはシグナルを無視するためのものだ。

この仕掛けは貴金属と通貨で使ったことがある。

イージーランゲージコード

```
Var: bbars(15); // lookbar period for the recent highest and lowest prices
Var: maxl(2500); // max allowable average true range, converted to dollars per contract

Condition1 = dayofweek(date)=2 or dayofweek(date)=3 or dayofweek(date)=4; //True or False
If Condition1 and high=highest(high,bbars) and
```

トレーリングエグジットを加えた仕掛け14の資産曲線

資産曲線――白金日足（2007/01/02 17:00～2019/04/11 17:00）

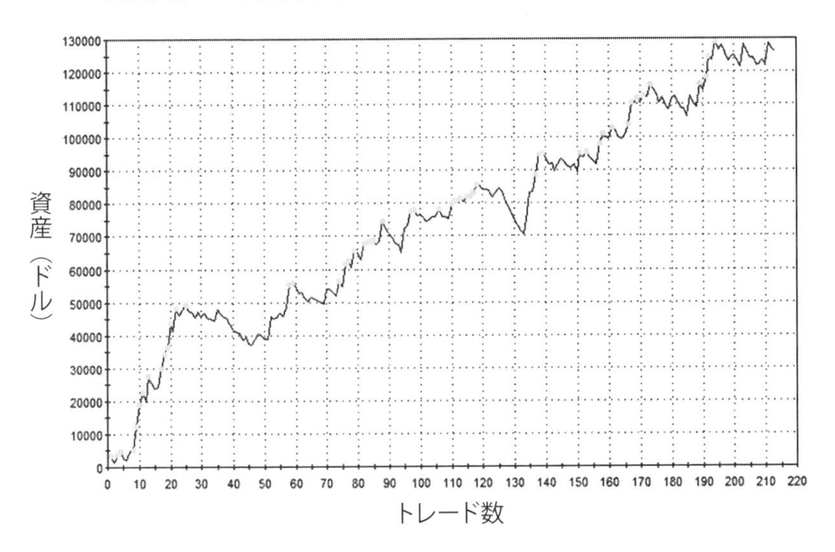

close=highest(close,bbars) and avgtruerange(14)*BigPointValue
<maxl then buy next bar at market;

If Condition1 and low=lowest(low,bbars) and
close=lowest(close,bbars) and avgtruerange(14)*BigPointValue<
maxl then sellshort next bar at market;

平易な言語表現

まず現在の足が何曜日なのかをチェックする。火曜日、水曜日、木曜日以外なら無視する。

その日が火曜日、水曜日、木曜日で、現在の足の高値が直近15日間の最高値で、かつ終値が直近15日間の最高値で、かつ14期間ATRを1枚当たりのドル価に換算した値が2500ドルを下回ったら、買いシグナルが出る。

ATRに１ポイント当たりのドル価を掛けたものが１枚当たりのドル価になる。トレードする市場にかかわらず、14期間ATRを１枚当たりのドル価に換算した値が2500ドルを下回ったときにのみ仕掛けることで、ボラティリティが低いときにのみトレードすることができる。

仕掛け⑮「スプリットウイーク　パート２」

基本的な考え方

仕掛け14は週の半ばに仕掛けたが、この仕掛けは金曜日と月曜日に仕掛ける。つまり、金曜日と月曜日に現れる週末効果を利用するということである。

この仕掛けは金曜日と月曜日にシグナルが発生する。

現在の足の高値と終値が両方とも最高値だったら買う。売りの場合はこの逆だ。条件が１つ加わるが、それがボラティリティフィルターだ。これはボラティリティ（ATRで測定）が高いときシグナルを無視するためのものだ。

この仕掛けは貴金属と通貨で使ったことがある。

イージーランゲージコード

```
Var: bbars(15); // lookbar period for the recent highest and
lowest prices
Var: maxl(2500); // max allowable average true range,
converted to dollars per contract

Condition1 = dayofweek(date)=5 or dayofweek(date)=1; //True
or False
If Condition1 and high=highest(high,bbars) and
close=highest(close,bbars) and avgtruerange(14)*BigPointValue
```

```
<maxl then buy next bar at market;
  If Condition1 and low=lowest(low,bbars) and
close=lowest(close,bbars) and avgtruerange(14)*BigPointValue<
maxl then sellshort next bar at market;
```

平易な言語表現

まず現在の足が何曜日なのかをチェックする。金曜日と月曜日以外は無視する。

その日が金曜日か月曜日で、現在の足の高値が直近15日間の最高値で、かつ終値が直近15日間の最高値で、かつ14期間ATRを１枚当たりのドル価に換算した値が2500ドルを下回ったら、買いシグナルが出る。

ATRに１ポイント当たりのドル価を掛けたものが１枚当たりのドル価になる。トレードする市場にかかわらず、14期間ATRを１枚当たりのドル価に換算した値が2500ドルを下回ったときにのみ仕掛けることで、ボラティリティが低いときにのみトレードすることができる。

仕掛け⑯　「系列相関」

基本的な考え方

ほとんどのトレード戦略では、ある１つのトレードはそれ以前のトレードとは無関係だ。つまり、各トレードは完全に独立しているということである。これはパターン、インディケーター、あるいは統計学を使って開発したほとんどの戦略に当てはまる。

しかし、何日かたって最後のトレードで利益が出たときだけ仕掛けたい場合はどうすればよいだろうか。最後のトレードで利益が出るまで長く待たなければならない場合もあるだろうし、すぐに利益が出る場合もあるだろう。

これは長期トレンドフォローアプローチにとっては良いかもしれない。例えば、買いシグナルで連続して２回利益が出たり、買いシグナルで利益が出たあと売りシグナルで利益が出るのはあまりあることではない。ほとんどの場合は大きな利益が出た直後は、保ち合い相場になって一息つくため、損失が出るのが普通だ。こんなときは待ったほうがよい。

また、戦略が市場と波長が合わないことも時にはある。こんなときには待ってから次のトレードを仕掛けたほうがよい。

次のトレードを行うまでに待つ時間の長さは変えることができる。例えば、利益が出たあとは待つ時間を長くすることができる。どれが最もベストかは検証してみることをお勧めする。

この戦略はこの現象を利用したもので、シンプルなカウンタートレンドアプローチ（直近の足の終値が最安値だったら買い、直近の足の終値が最高値だったら売る）だ。

イージーランゲージコード

```
Var: xbars(15); // lookback period

If ((PositionProfit(1)>0 and BarsSinceExit(1)>=5) //if last position was profitable, wait 5 bars before taking a new trade
or (PositionProfit(1)<=0 and BarsSinceExit(1)>=20) // if last trade was a loser, wait 20 bars before taking the next signal
or TotalTrades=0) then begin //allows the first trade in the backtest to occur

if Close = Lowest( Close, xbars ) then buy next bar at market;
if Close = Highest( Close, xbars ) then SellShort next bar at market;
end;
```

平易な言語表現

まだトレードしていないのであれば、どのシグナルも有効だ。最後のトレードで利益が出た場合、それを手仕舞ったあと、５本の足が形成されたら、次のトレードを行うことができる。また、最後のトレードで損失が出た場合、それを手仕舞ったあと、20本の足が形成されたら、次のトレードを行うことができる。

前述の３つの条件が満たされ、かつ現在の足の終値が直近15本の足の最安値だったら、買う。売りの場合はこの逆。

仕掛け⑰ 「再流行」

基本的な考え方

この仕掛けはパターンに基づくもので、創案者は私ではない。

これは私が使う仕掛けではよくあることだ。私は本やトレード雑誌やインターネットなどで何かを見つけたら、それを私のニーズに合うように修正して検証を行う。この仕掛けもその一例だ。最初のアイデアを大きく変更する場合もあれば、ほとんど変わらない場合もある。

この仕掛けはマイケル・ハリスが書いた『プロフィタビリティ・アンド・システマティック・トレーディング（Profitability and Systematic Trading : A quantitative Approach to Profitability, Risk, and Money Management）』のなかの仕掛けを２カ所修正したものだ。同書は10年以上前に書かれたものなので、本書のなかのアイデアは10年分のアウトオブサンプルテストを行うことが可能だ。

この仕掛けは「再流行（Back in Style）」と呼んでいるが、それはこの仕掛けのパフォーマンスは2000年代初期は高かったが、2011年から2017年にかけて低下し、2018年に再び返り咲いたからだ。もちろん、パフォーマンスは私が使った手仕舞いによるところもある。

イージーランゲージコード

```
if (l[3] > h[0] AND h[0] > l[1] AND l[0] > l[2] AND l[1] > l[2]) then
sellshort Next Bar at open;
```

```
if (h[3] < l[0] AND l[0] < h[1] AND h[0] < h[2] AND h[1] < h[2])
then buy Next Bar at open;
```

平易な言語表現

現在の足の高値が３本前の足の安値よりも安く、現在の足の高値が１本前の足の安値よりも高く、現在の足の安値が２本前の足の安値よりも高く、１本前の足の安値が２本前の足の安値よりも高ければ、次の寄り付きで成り行きで売る。

買いの場合はこの逆。ただし、高値は安値に、安値は高値に、安くは高くに、高くは安くになる。

仕掛け⑱ 「あなたは今どの辺りにいるか」

基本的な考え方

この仕掛けは、現在の足の終値が直近の高値や安値に対してどの辺りにあるかに基づくものだ。そういった意味ではこれは基本的にはストキャスティックス（https://www.investopedia.com/terms/s/stochasticoscillator.asp）と言えるかもしれない。

現在の足の終値がレンジの上半分にある場合は売り、下半分にある場合は買う。

この仕掛けは株式や株価指数で極めてうまくいく。なぜなら、これは基本的には平均回帰型の仕掛け（弱気で買って、強気で売る）だからだ。

もうひとつ特徴があって、夜間の早い時間帯（24時間の先物市場にだけ当てはまる）ではどんなシグナルが出ても無視する。

イージーランゲージコード

```
Var: ll(0), hh(0);
Var: Thresh(.5); // threshold value for entries, between 0 and 1

if time<1600 or time>2300 then begin

ll=minlist(l,l[1]);
hh=maxlist(h,h[1]);
```

シンプルな利益目標を加えた仕掛け18の資産曲線

資産曲線　EミニS&P500の60分足（2001/06/03 18:00～2019/04/12 08:30）

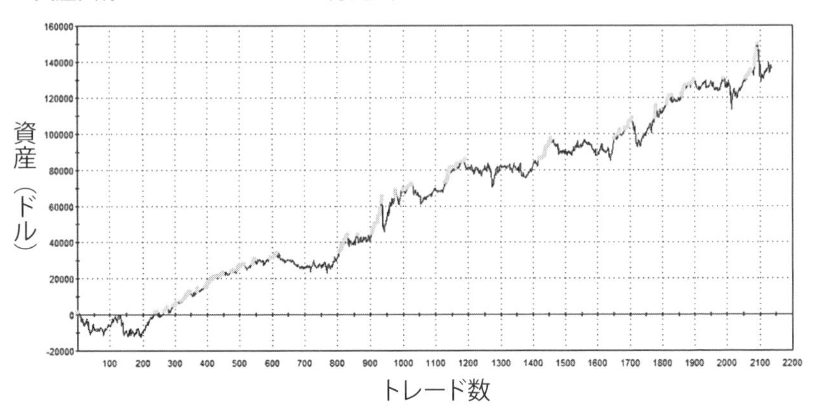


```
    if (c-ll)/(hh-ll+.000001)>=thresh then sellshort next bar at
market;
    if (c-ll)/(hh-ll+.000001)<=(1-thresh) then buy next bar at
market;
    end;
```

平易な言語表現

まず、現在の足の時間（取引所時間）が16時から23時ではないことを確認しよう。

次に、変数ll（現在の足の安値と１本前の足の安値のうち安いほう）を計算する。また、変数hh（現在の足の高値と１本前の足の高値のうち高いほう）も計算する。

最後に、現在の足の終値の位置を計算する。計算方法は、現在の足の終値から変数llを差し引いて、hh－llで割る。得られた値は必ず０

と１の間の数値を取る（こうならない場合は、計算が間違っていないか、またはデータが間違っていないかチェックする）。

計算値が自分で決めた閾値thresh以上の場合は次の足の寄り付きで成り行きで売り、１－自分で決めた閾値thresh以下の場合は次の足の寄り付きで成り行きで買う。

仕掛け⑲　「指数関数的に良い」

基本的な考え方

これまでは単純移動平均についてのみ述べてきた。単純移動平均は単純さが良い。もちろん、このほかにもいろいろなタイプの移動平均があり、それぞれの移動平均は単純移動平均の欠点を補うと言われている。

完璧な移動平均などというものはない。それぞれに欠点もあれば良い点もある。

この戦略はシグナルを出すのに２つの指数移動平均線の交差を使う。

これはどの市場でも使えるが、私は最初は貴金属で使っていた。

イージーランゲージコード

```
var:avg1(10),avg2(20); // 2 exponential moving averages
var:lookbackdays(10); // lengths of faster exponential moving
average

avg1=xaverage(close,lookbackdays);
avg2=xaverage(close,lookbackdays*4); //slower average has
length 4 x the faster average

Condition1 = (avg1>avg2 and avg1[1]<avg2[1]);
If Condition1 then Buy next bar at high stop;
```

```
Condition2 = (avg1<avg2 and avg1[1]>avg2[1]);
If Condition2 then SellShort next bar at low stop;
```

平易な言語表現

10期間の短期指数移動平均を計算して、それを4倍して長期指数移動平均を計算する。

短期指数移動平均線が長期指数移動平均線を上に交差したら、次の足で現在の足の高値に逆指値注文を置いて買う。

短期指数移動平均線が長期指数移動平均線を下に交差したら、次の足で現在の足の安値に逆指値注文を置いて売る。

仕掛け⑳　「レンジブレイクアウト」

基本的な考え方

ブレイクアウトにはいろいろなタイプとスタイルがある。価格に基づくブレイクアウト、「価格±自分で決めた何らかの計算値」に基づくブレイクアウトなどいろいろだ。私は時として日足ではない足を使って、デイリーレンジを仕掛けに使うことがある。

この仕掛けではまず、新しいトレード日（取引日ではなく暦日）を特定し、次に始値を取得して、前日のレンジを計算する。

翌日の最初の足でこれらを計算し終えたら、ブレイクアウトポイントを設定する。追加的な特徴として、この戦略は13時までに仕掛けなければならない。

イージーランゲージコード

```
var:xfl(.1),xfs(.1);
var:rangeavg(0),yesterdayclose01(0),yesterdayclose02(0),todayopen(0),daylow(0),dayhigh(0),range10(0),range09(0),range08(0),range07(0),range06(0),range05(0),range04(0),range03(0),range02(0),range01(0);
If date<>date[1] then begin //close of first bar of day
//new day, reset high and low, and shift all ranges

todayopen=open;
```

```
yesterdayclose02=yesterdayclose01; //close 2 days ago
yesterdayclose01=close[1]; //close yesterday

range10=range09;
range09=range08;
range08=range07;
range07=range06;
range06=range05;
range05=range04;
range04=range03;
range03=range02;
range02=range01;

//range01 is the true range of yesterday, calculated at the
close of the first bar today
range01=maxlist(absvalue(dayhigh-yesterdayclose02),absval
ue(daylow-yesterdayclose02),dayhigh-daylow);

daylow=99999.;
dayhigh=-99999.;

end;

rangeavg=(range10+range09+range08+range07+range06+ran
ge05+range04+range03+range02+range01)/10.;

If high>dayhigh then dayhigh=high;
If low<daylow then daylow=low;
```

```
//entry signals

If Time <1300 then begin
Buy next bar at todayopen + xfl*rangeavg stop;
SellShort next bar at todayopen - xfs*rangeavg stop;
End;
```

平易な言語表現

まず新しい暦日の最初の足で、前日（前の足ではない）のレンジ（ATRではない）を計算する。次に、直近10日間の平均レンジを計算し、それに掛ける係数も決めておく。

深夜から13時までは次の足で「今日の始値＋平均レンジ×xfl」に逆指値注文を置いて買う。また、次の足で「今日の始値－平均レンジ×xfs」に逆指値注文を置いて売る。

仕掛け㉑　「非対称な三重平均」

基本的な考え方

私は、うまく機能はするが好きになれない仕掛けを作成することがある。この仕掛けがそうだ。この仕掛けでは嫌いな点が２つある。１つは、買いと売りの仕掛けが非対称な点だ。私は買いと売りの仕掛けは対称的なのが好きだ。もう１つは、三重平均を使う点だ。三重平均とは平均の平均のことを言う。

私はこの仕掛けを外国の株価指数で使ったことがある。

イージーランゲージコード

```
var: EntryL(0),EntryS(0),ATRmult(0), Length1(10),Length2(12);
var: EntCondL(False), EntCondS(False);

EntryL = C + ATRmult * AvgTrueRange(14);
EntryS = LowD(0) - ATRmult * AvgTrueRange(14);

Value1 = TriAverage(LowD(0), Length1);
Value2= L[Length2];
EntCondL = Value1>=Value2;
EntCondS = true;

If EntCondL then Buy next bar at EntryL stop;
```

```
If EntCondS then SellShort next bar at EntryS stop;
```

平易な言語表現

まず買いと売りの仕掛け値を計算する。ATRに掛ける係数は自分で決めておく。買いの仕掛け値は「現在の足の終値＋14期間ATR×ATRmult」で、売りの仕掛け値は「その日の安値－14期間ATR×ATRmult」だ。これらの仕掛け値は対称的ではないことに注意しよう。

次にルックバック期間Length1の日々の安値の三重平均を計算する。その値がLength2足前の安値を上回っていれば、上記の仕掛け値で買い注文を出す。そうでなければ買い注文は出さない。

売り注文は上記の仕掛け値でいつでも出すことができる。

最後に、買い注文が可能なら、次の足でEntryLに逆指値を置いて買う。同様に、次の足でEntrySに逆指値を置いて売る。

仕掛け㉒ 「再び、非対称な仕掛け」

基本的な考え方

この仕掛けもまた非対称な仕掛けだ。この仕掛けは対称的でも非対称でもいろいろなバリエーションが可能だ。しかし、前にも言ったように、私は非対称な仕掛けは好きではない。

買いと売りの仕掛けでは計算方法が違うため、戦略の自由度は高まる。つまり、戦略をいじったり最適化する自由度が高まるということである。最適化をやればやるほどバックテスト結果は向上するが、経験から言えば、リアルタイムではうまくいかないことが多い。

したがって、非対称な仕掛けを使うときは、市場がそれに適していること（例えば、上昇バイアスのある株式市場など）が重要で、最適化は最小限にしたほうがよい。

イージーランゲージコード

```
var: EntryL(0),EntryS(0),ATRmult(0), Length1(10),Length2(12);
var: EntCondL(False), EntCondS(False);

EntryL = OpenD(0) + ATRmult * AvgTrueRange(14);
EntryS = LowD(0) - ATRmult * AvgTrueRange(14);

Value1 = OpenD(0);
Value2= CloseD(1);
```

```
EntCondL = Value1>=Value2;
EntCondS = true;

If EntCondL then Buy next bar at EntryL stop;
If EntCondS then SellShort next bar at EntryS stop;
```

平易な言語表現

まず買いと売りの仕掛け値を計算する。ATRに掛ける係数は自分で決めておく。買いの仕掛け値は「その日の始値＋14期間ATR×ATRmult」で、売りの仕掛け値は「その日の安値－14期間ATR×ATRmult」だ。この仕掛けは非対称であることに注意しよう。

今日の始値が昨日の終値を上回っていたら、買いの逆指値注文を置くことことができる。そうでなければ注文はしない。

売りの逆指値注文はいつでも置くことができる。

買い注文が可能であれば、次の足でEntryLに逆指値を置いて買い、同様に次の足でEntrySに逆指値を置いて売る。

仕掛け㉓ 「ストキャスティックスの交差」

基本的な考え方

ストキャスティックスは非常に人気のあるインディケーターで、最初のシグナルの確認フィルターとして使う人が多いが、単独でシグナルを出すのに使うこともできる。

この仕掛けでは、仕掛けシグナルを生成するのに%kラインと%dラインの交差を見る。%kや%dを知らない人は以下のサイトを参照してもらいたい（https://www.investopedia.com/terms/s/stochasticoscillator.asp）。

イージーランゲージコード

```
Vars: SLength(8), Smoothing1(23), Smoothing2(22);
Vars: Smoothingtype(1), oFastK(0), oFastD(0), oSlowK(0),
oSlowD(0);

Value1 = Stochastic(H, L, C, SLength,
Smoothing1,Smoothing2, SmoothingType, oFastK, oFastD,
oSlowK, oSlowD);

if oSlowk crosses over oSlowd then buy next bar at market;
if oSlowk crosses under oSlowd then sellshort next bar at
market;
```

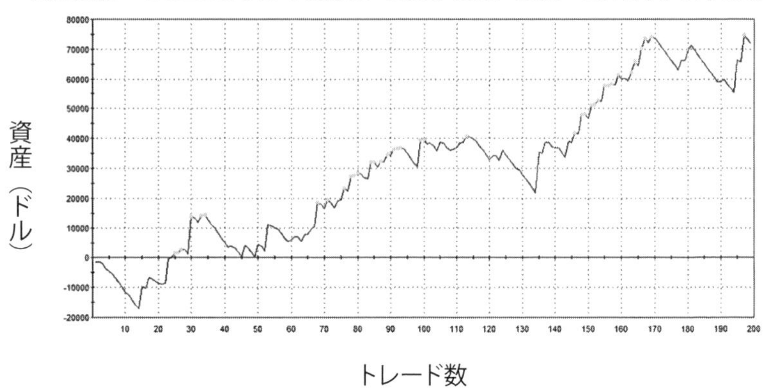

平易な言語表現

変数Slength、Smoothing1、Smoothing2を使って%kと%dを計算する。ほとんどのトレードソフトウェアはストキャスティックスが組み込まれているのでそれを利用するとよいだろう。

%kが%dを上に交差したら、次の足の寄り付きで成り行きで買い、%kが%dを下に交差したら、次の足の寄り付きで成り行きで売る。

仕掛け㉔「論より証拠（マネーフロー）」

基本的な考え方

マネーフロー指数はほとんどのソフトウェアに標準として組み込まれている（https://en.wikipedia.org/wiki/Money_flow_index を参照）。数値は0～100％で推移し、相場のなかで資金が買いと売りのどちらに流れているかを判断するための指標だ。

RSIと同様、マネーフロー指数は数値によって買われ過ぎ領域と売られ過ぎ領域があり、買われ過ぎで売りサイン、売られ過ぎで買いサインを出す。

イージーランゲージコード

```
Vars: Length(14),OverSold(20),Overbought(80);
vars: MoneyFlowVal(0);

MoneyFlowVal = MoneyFlow(Length);

if MoneyFlowVal Crosses above OverSold then buy next bar
at market;
if MoneyFlowVal Crosses below Overbought then Sellshort
next bar at market;
```

平易な言語表現

観察期間として14本の足を使ってマネーフロー指数を計算する。

MoneyFlowValが20を上回ったら、次の足の寄り付きで成り行きで買い、80を下回ったら次の足の寄り付きで成り行きで売る。

仕掛け㉕　「標準的なボリンジャーバンド」

基本的な考え方

タイトルが示すように、この仕掛けは仕掛けのシグナルを出すのにボリンジャーバンドを使う。このほかに便利だと思える２つの要素を追加する。１つは、シンプルなモメンタムで、もう１つは仕掛けに成り行き注文を使うというものだ。

イージーランゲージコード

```
vars: Length(20), NumDevs(2), Length2(10);
vars: LowerBand(0), UpperBand(0);

LowerBand = BollingerBand(Close, Length, -NumDevs);
UpperBand = BollingerBand(Close, Length, +NumDevs);
if Close crosses over LowerBand and close>close[Length2]
then Buy next bar at market;
if Close crosses under UpperBand and close<close[Length2]
then SellShort next bar at market;
```

平易な言語表現

直近20期間のデータと、＋NumDevsおよび－NumDevs（NumDevsは標準偏差の倍数）を使って上と下のボリンジャーバンドを計算する。

現在の足の終値が下のバンドを上に交差し、終値が直近10期間の終値の最高値なら、次の足の寄り付きで成り行きで買い、上のバンドを下に交差し、終値が直近10期間の終値の最安値なら、次の足の寄り付きで成り行きで売る。

仕掛け㉖　「標準的なケルトナーチャネル」

基本的な考え方

タイトルが示すように、この仕掛けは仕掛けのシグナルを出すのにケルトナーチャネルを使う。ボリンジャーバンドと特徴が似ているが、便利と思われる２つの要素を追加した。１つは、シンプルなモメンタムで、もう１つは仕掛けに成り行き注文を使うというものだ。

イージーランゲージコード

```
vars: Length(20), NumATRs(2), Length2(10);
vars: LowerBand(0), UpperBand(0);

LowerBand = Average(close,Length)-NumATRs*AvgTrueRang
e(Length);
UpperBand = Average(close,Length)+NumATRs*AvgTrueRang
e(Length);

if Close crosses over LowerBand and close>close[Length2]
then Buy next bar at market;
if Close crosses under UpperBand and close<close[Length2]
then SellShort next bar at market;
```

平易な言語表現

直近20期間の終値の平均に自分で決めた係数NumATRs × ATRを加減して上のチャネルと下のチャネルを計算する。現在の足の終値が下のチャネルを上に交差し、終値が直近10期間の終値の最高値なら、次の足の寄り付きで成り行きで買い、上のチャネルを下に交差し、終値が直近10期間の終値の最安値なら、次の足の寄り付きで成り行きで売る。

危険――警告！

本書も折り返し点にきた。残りの仕掛けと手仕舞いに進む前にここで指摘しておきたいことがいくつかある。

本書の仕掛けと手仕舞いには注意が必要だ。

これはどういうことなのだろうか。

簡単に言えば、これらの仕掛けと手仕舞いはすぐに使えるプラグアンドプレータイプのものではないということである。これらの仕掛けと手仕舞いは、あなたが戦略を構築するうえで非常に役立つものだし、大きな時間の節約にもなるが、これらは完成品ではない。

これらの仕掛けと手仕舞いのなかから適当なものを選びだし、チャートに映し出してすぐにトレードを始められるわけではない。それはあまりにも軽率というものだ。

また、適当な仕掛けと手仕舞いを選びだし、あなたが持っているすべてのヒストリカルデータを使って最適化し、最高のパラメーターの組を取得すればすぐにトレードを始められるというわけでもない。それはもっと軽率だ。過剰最適化してはならない。

こうしたやり方がいかにお粗末な結果を導きだすかは私が一番よく知っている。なぜなら、トレードを始めた当初、私は実際にこういったことをやってきたからだ。もうお分かりかと思うが、そんなことをすれば、最悪の結果が待ち受けている。

20年前の私とくれぐれも同じことをしないように！

トレードを真剣に考えているのなら、今の私のようになってもらいたい。

1．私は、実際に資金を投じる前に見込みのあるトレード戦略を正しいプロセスで検証・評価する。
2．私が使っているプロセスは時の試練を経て実証されたものであり、多くのトレーダーがこれを使って成功している。トレードコンテストで優勝したときに使ったのもこのプロセスだ。
3．どんなにしっかりとしたプロセスがあったとしてもほとんどのトレード戦略はうまくいかない。つまり、私のテストをパスしない。これはイラ立つことだが、それはそれで構わない。
4．戦略開発に終わりはない。25年以上たった今でも、私は新しい戦略を常に検証し続けている。市場は進化する。良いトレーダーは進化する市場に遅れずについていこうとする人たちだ。
5．本書で紹介する仕掛けと手仕舞いは良い出発点にはなるが、実行可能な戦略を作るうえではこれらをどう活用するかが重要だ。

トレードに真剣に取り組みたい人にとって、これらの仕掛けと手仕舞いが大いに役立つことを願ってやまない。戦略開発で重要なのは忍耐力だ。

それでは残りの仕掛けと手仕舞いを見ていくことにしよう。

仕掛け㉗　「３人の友だち」

基本的な考え方

時には複数の仕掛けテクニックを組み合わせて使うことで、良い結果が出ることもある。この仕掛けは通貨と貴金属で使った。この仕掛けではRSI、ADX、および短期と長期のモメンタムを使う。

このように複合的な仕掛けを使うときは、すべてのパラメーターを最適化したいという思いに駆られるため、注意が必要だ。最適化は最小限にとどめよう。

イージーランゲージコード

```
vars: ADXLength(14), RSILength(14), lookbackBig(20),
lookbackshort(10);

If ADX(ADXLength)>25 then begin
If RSI(close,RSILength)<50 and close<close[lookbackBig] and
close>close[lookbackshort] then buy next bar at market;
If RSI(close,RSILength)>50 and close>close[lookbackBig] and
close<close[lookbackshort] then sellshort next bar at market;
end;
```

平易な言語表現

14期間でADXを計算する。数値が25を下回る（トレンド相場ではない）ときは、トレードはしない。

ADXの数値が25以上のときで、14期間のRSIが50を下回り、現在の終値が20本前の足の終値を下回り、かつ10本前の足の終値を上回っていたら、次の足の寄り付きで成り行きで買う。

ADXの数値が25以上のときで、14期間のRSIが50を上回り、現在の終値が20本前の足の終値を上回り、かつ10本前の足の終値を下回っていたら、次の足の寄り付きで成り行きで売る。

仕掛け㉘　「２人の友だち」

基本的な考え方

この仕掛けは、ほかの仕掛けでも使ってきたADXと、シンプルなモメンタムを使う。この仕掛けではいろいろなバリエーションが可能だ。パラメーターの値をいろいろに変えてみることもできるし、また「>」を「<」と入れ替えればカウンタートレンド戦略にすることもできる。

イージーランゲージコード

```
vars: ADXLength(14), lookback(20);

If ADX(ADXLength)>20 then begin
If close>close[lookback] then buy next bar at market;
If close<close[lookback] then sellshort next bar at market;
end;
```

平易な言語表現

14期間のADXを計算する。ADXの値が20を下回る（トレンド相場ではない）場合、トレードはしない。

ADXの値が20以上のとき、現在の終値が20本前の足の終値を上回っていたら、次の足の寄り付きで成り行きで買う。

ADXの値が20以上のとき、現在の終値が20本前の足の終値を下回っていたら、次の足の寄り付きで成り行きで売る。

仕掛け㉙ 「シンプルなパターン」

基本的な考え方

私はシンプルなパターンが好きで、この仕掛けはそんな一例だ。私はこの仕掛けは日足の無鉛ガソリンで使うが、ほかのいろいろな市場や時間枠でも試してみるとよいだろう。検証・評価してみるまではどういった市場でうまくいくかは分からない。これはまたもやマイケル・ハリスの本からヒントを得たものだが、私は彼の用いた条件を半分に削り、買いでも売りでも行えるように変更した。

イージーランゲージコード

```
If o[1] > h[0] AND o[0] > c[1] AND c[1] > l[1] AND l[1] > c[0] then
buy next bar at market;

if o[1] < l[0] AND o[0] < c[1] AND c[1] < h[1] AND h[1] < c[0] then
sell short next bar at market;
```

平易な言語表現

前の足の始値が現在の足の高値よりも高く、かつ現在の足の始値が前の足の終値よりも高く、かつ前の足の終値が前の足の安値よりも高く、かつ前の足の安値が現在の足の終値よりも高ければ、買う。

前の足の始値が現在の足の安値よりも安く、かつ現在の足の始値が前の足の終値よりも安く、かつ前の足の終値が前の足の高値よりも安く、かつ前の足の高値が現在の足の終値よりも安ければ、売る。

仕掛け㉚　「シンプルなパターン２」

基本的な考え方

これは**仕掛け17**に似ているが、シグナルは逆で、別の条件を加えた。こうしたシンプルなパターンの良い点は、移動平均線の長さのように最適化する必要があまりない点だ。さかのぼる足の数は最適化することはできるが、私は勧めない。

イージーランゲージコード

```
If l[3]>h[0] and h[0]>l[1] and l[1]>l[2] and c[0] > c[1] then buy next bar at market;
```

```
If h[3]<l[0] and l[0]<h[1] and h[1]<h[2] and c[0] < c[1] then sell short next bar at market;
```

平易な言語表現

３本前の足の安値が現在の足の高値よりも高く、かつ現在の足の高値が１本前の足の安値よりも高く、かつ１本前の足の安値が２本前の足の安値よりも高く、かつ現在の足の終値が１本前の足の終値よりも高ければ、買う。

３本前の足の高値が現在の足の安値よりも安く、かつ現在の足の安値が１本前の足の高値よりも安く、かつ１本前の足の高値が２本前の足の高値よりも安く、かつ現在の足の終値が１本前の足の終値よりも安ければ、売る。

仕掛け㉛ 「終値のみのパターン」

基本的な考え方

これもまたパターンに基づくものだが、この仕掛けは直近の終値のパターンに基づくものだ。５本の足が連続して上昇したりといったものほどシンプルではないが、理解するのは簡単だ。

これは貴金属セクターで使ったことがある。

これとまったく逆のパターンもうまくいく。逆のパターンはエネルギーセクターで使った。

イージーランゲージコード

```
if c[1]>c[3] and c[0]>c[2] and c[2]>c[1] then buy next bar at market;
If c[1]<c[3] and c[0]<c[2] and c[2]<c[1] then Sell short next bar at market;
```

平易な言語表現

１本前の足の終値が３本前の足の終値よりも高く、かつ現在の足の終値が２本前の足の終値よりも高く、かつ２本前の足の終値が１本前の足の終値よりも高ければ、次の足の寄り付きで成り行きで買う。

１本前の足の終値が３本前の足の終値よりも安く、かつ現在の足の終値が２本前の足の終値よりも安く、かつ２本前の足の終値が１本前の足の終値よりも安ければ、次の足の寄り付きで成り行きで売る。

仕掛け㉜　「素早い押しや戻しのパターン」

基本的な考え方

この仕掛けの背景にあるのは、２本前の足の高値がそのあとの足で高値が切り下げられて保ち合いや押しになったあとは、その次の足の終値は２本前の足の高値を上回ることが多いという考えである。安値が切り上がればより一層確実なシグナルになり、このときが買いの絶好のチャンスだ。

この仕掛けはエネルギーで使ったことがあり、何回か成功した。

イージーランゲージコード

```
if h[2]>h[1] and l[2]<l[1] and c[0]>h[2] then buy next bar at market;
if l[2]<l[1] and h[2]>h[1] and c[0]<l[2] then sell short next bar at market;
```

平易な言語表現

買いシグナルが出るには、次の条件が満たされなければならない。

①２本前の足の高値が１本前の足の高値よりも高い

②２本前の足の安値が１本前の足の安値よりも安い

③現在の足の終値が２本前の足の高値よりも高い

売りシグナルはこの逆で、次の条件が満たされなければならない。

①２本前の足の安値が１本前の足の安値よりも安い

②２本前の足の高値が１本前の足の高値よりも高い

③現在の足の終値が２本前の足の安値よりも安い

仕掛け㉝　「終値のみのパターン２」

基本的な考え方

　これもまた終値のパターンに基づくものだが、この仕掛けは直近の終値のパターンに基づくものだ。５本の足が続けて上昇したりといったものほどシンプルではないが、理解するのは簡単だ。

　この仕掛けは金利セクターで使ったことがあるが、時間枠は日足ではない。

イージーランゲージコード

```
if c[1]<c[2] and c[2]<c[5] and c[5]<c[3] and c[3]<c[4] then buy next bar at market;
If c[1]>c[2] and c[2]>c[5] and c[5]>c[3] and c[3]>c[4] then Sell short next bar at market;
```

平易な言語表現

買いシグナルの条件

①１本前の足の終値が２本前の足の終値よりも安い
②２本前の足の終値が５本前の足の終値よりも安い
③５本前の足の終値が３本前の足の終値よりも安い
④３本前の足の終値が４本前の足の終値よりも安ければ、次の足の寄り付きで成り行きで買う。

シンプルな利益目標、損切り、時間による手仕舞いを加えた仕掛け33の資産曲線

資産曲線——10年物国債先物238分足（2007/01/01 20:58～2019/04/16 16:00）

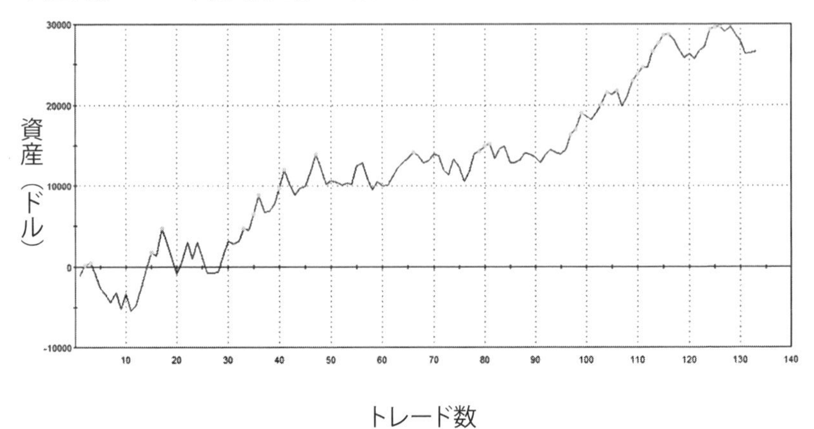

売りシグナルの条件

①１本前の足の終値が２本前の足の終値よりも高い

②２本前の足の終値が５本前の足の終値よりも高い

③５本前の足の終値が３本前の足の終値よりも高い

④３本前の足の終値が４本前の足の終値よりも高ければ、次の足の寄り付きで成り行きで売る。

仕掛け㉞ 「目と鼻の先のブレイクダウン」

基本的な考え方

これは一見簡単そうだが、極めて巧妙な仕掛けだ。シンプルなモメンタムで測定した現在のトレンドのなかでブレイクダウンが発生したらシグナルが生成される。価格が前の足の終値から大きく離れたら、トレンドが変わったか、カウンタートレンドになったことを示している。

この仕掛けはいくつかのソフトコモディティで使ったことがある。

イージーランゲージコード

```
Var: momen(10); //length of trend
Var: mult(2); //multiplier for the average true range
var:myrange(0);

myrange=truerange; //true range is a Tradestation reserved
word

If close>close[momen] then sellshort next bar at close-
mult*average(myRange,3) stop;

If close<close[momen] then buy next bar at
close+mult*average(myRange,3) stop;
```

平易な言語表現

現在の足の真の値幅（トゥルーレンジ）を計算し、それを変数myrangeに設定する。

次に、10期間モメンタムが正なら、次の足で、「現在の足の終値－自分で決めた係数mult×３期間ATR」に逆指値を置いて売る。

10期間モメンタムが負なら、次の足で、「現在の足の終値＋自分で決めた係数mult×３期間ATR」に逆指値を置いて買う。

仕掛け㉟　「CCI」

基本的な考え方

CCI（商品チャネル指数）は1980年に開発された比較的人気のあるインディケーターだ（https://en.wikipedia.org/wiki/Commodity_channel_index を参照）。

この戦略はほかのインディケーターなどと併用する人が多いが、これはシンプルな戦略なので、私はほかのインディケーターなどとは併用せずに単独で使う。ほかのインディケーターなどと併用することは可能だが、場合によっては単独で使ったほうがうまくいく場合がある。

この仕掛けは通貨市場で使ったことがある。

イージーランゲージコード

```
input: CCILength(14),CCIAvgLength(9);
vars: CCIValue(0),CCIAvg(0);

CCIValue = CCI(CCILength);
CCIAvg = Average(CCIValue, CCIAvgLength);

if CCIAvg>=100 then sell short next bar at open;
if CCIAvg<=-100 then buy next bar at open;
```

平易な言語表現

まず14期間CCIを計算する。

次に、14期間CCIの9期間平均を計算してCCIavgとする。

CCIavgが100以上なら次の足の寄り付きで売り、CCIavgが－100以下なら次の足の寄り付きで買う。

仕掛け㊱　「長いヒゲのある足」

基本的な考え方

足のヒゲはトレンドの始まりを示すことがある。例えば、高値が切り上げられ、その足の下側に長いヒゲがあれば、ある時点で売り手が優勢になり価格を押し下げたが、次第に買い手が回復して相場を支配したことを示している。こうした「ブルテール」足の数が「ベアテール」足の数を上回り、ブルテール足が十分な数だけあれば、そろそろ買いを仕掛けるときだ。

この仕掛けはブルテールとベアテールを利用したものだ。

イージーランゲージコード

```
Var:BullBarTail(0),BearBarTail(0);
Var: Period(10); // lookback length for tail count
Var:thresh(5); //threshold for having a sufficient number of
bull or bear tails

BullBarTail = CountIF(Close>Open AND Open-Low > Close-
Open AND High > High[1], Period); // Bullbar with big tail
BearBarTail = CountIF(Close<Open AND High-Open > Open-
Close AND Low < Low[1] , Period); //Bearbar with big peak

If BullBarTail > BearBarTail and BullBarTail > thresh then buy
```

```
next bar at market;
  If BullBarTail < BearBarTail and BearBarTail > thresh then
sellshort next bar at market;
```

平易な言語表現

直近の10本の足を見て、ブルテール足の数とベアテール足の数を数える。

ブルテール足とは、陽線（終値が始値よりも高い）で、かつ始値－安値が実体（終値－始値）よりも大きく、かつ高値が前の足の高値を上回るような足を言う。

ベアテール足とは、陰線（終値が始値よりも安い）で、かつ高値－始値が実体（始値－終値）よりも大きく、かつ安値が前の足の安値を下回るような足を言う。

直近10本の足で、ブルテールの数がベアテールの数よりも多く、かつブルテールの数が５本以上であれば、次の足の寄り付きで成り行きで買う。

直近10本の足で、ブルテールの数がベアテールの数よりも少なく、かつベアテールの数が５本以上であれば、次の足の寄り付きで成り行きで売る。

仕掛け㊲　「高値が連続して切り上げて高値を更新」

基本的な考え方

市場が高値を更新すると、市場が上昇し続けるというサインだ。価格が一方向に動くと、その方向に動き続けることをモメンタムという。

このことから、高値が更新されたら買うというのは良い考えだ。また、短期モメンタムが確認できればさらに良い。

この仕掛けは上の状態であるモメンタムを利用したものだ。この仕掛けは通貨や貴金属で使ったことがある。株や株価指数ではこの逆がうまくいくかもしれない。

イージーランゲージコード

```
Var:xbars(10);
Condition1= C > Highest(H,xbars)[1] AND C > C[1] AND C>C[3] AND C[1] > C[2];
Condition2= C < Lowest(L,xbars)[1] AND C < C[1] AND C<C[3] AND C[1] < C[2];

If Condition1 then buy next bar at market;
If Condition2 then sell short next bar at market;
```

平易な言語表現

買いの仕掛け条件は４つ

①現在の足の終値が前の足から数えた直近10日間の最高値を上回る
②現在の足の終値が前の足の終値を上回る
③現在の足の終値が３本前の足の終値を上回る
④前の足の終値が２本前の足の終値を上回る

　これら４つの条件が満たされたら、次の足の寄り付きで成り行きで買う。

売りの仕掛け条件も４つ

①現在の足の終値が前の足から数えた直近10日間の最安値を下回る
②現在の足の終値が前の足の終値を下回る
③現在の足の終値が３本前の足の終値を下回る
④前の足の終値が２本前の足の終値を下回る

　これら４つの条件が満たされたら、次の足の寄り付きで成り行きで売る。

仕掛け㊳ 「オーサムオシレーターから始めよう」

基本的な考え方

本書で前に何回か述べたように、私がアイデアを得たり、アイデアを着想するのは私の脳以外のところからのことが多い。私は他人が作ったものを改良して、自分自身のものを作り上げる。

この仕掛けもそういったものの1つだ。これはビル・ウィリアムズが開発したオーサムオシレーターを基にしたものだ。使い方は彼のものとは異なるが、オーサムオシレーターが有効に機能するときを私は発見した。

この仕掛けはシンプルではあるが、いろいろなバリエーションが可能だ。例えば、これはまだ検証していないのだが、オーサムオシレーターを高値の平均だけで計算したり、安値の平均だけで計算するというのも一案だ。おそらくこれらのオーサムオシレーターはコンバージェンスしたり、ダイバージェンスしたりすると思うが、興味深い結果が得られるのではないかと思っている。

イージーランゲージコード

```
vars: aback(1),bback(1); // Awesome oscillator lengths
vars: v1(5),v3(2); //average lengths
Vars: fatr(.5); //threshold for stochastic length
Vars: AO(0);
Vars:Price(0);
```

```
Price=(H+L)/2.;
Value1=average((H+L)/2,v1);
Value2=average((H+L)/2,v1+v3);
AO = (value1-value2);
//Bullish divergence
Condition1=AO[aback]>AO[bback];

//bearish divergence
Condition2=AO[aback]<AO[bback];

condition3=low<low[1] and (close-low)/(high-
low+.000001)>fatr;
condition4=high>high[1] and (close-low)/(high-
low+.000001)<(1-fatr);

if condition1 and condition4 then sellshort next bar at
market;
if condition2 and condition3 then buy next bar at market;
```

平易な言語表現

value1（過去v1足の［高値＋安値］÷２の平均）を計算する。

value2（過去v1＋v3足の［高値＋安値］÷２]の平均）を計算する。

AO（value1－value2）を計算する。

aback足のAOがbback足のAOよりも大きいとき、condition1が成立する。

aback足のAOがbback足のAOよりも小さいとき、condition2が成立する。

下の２つの条件が満たされたとき、condition3が成立する。

①現在の足の安値が前の足の安値を下回る

②（終値－安値）÷（高値－安値）がfatrを上回る

下の２つの条件が満たされたとき、condition4が成立する。

①現在の足の高値が前の足の高値を上回る

②（終値－安値）÷（高値－安値）が１－fatrを下回る

condition1とcondition4がどちらも成り立つとき、次の足の寄り付きで成り行きで売る。

逆に、condition2とcondition3がどちらも成り立つとき、次の足の寄り付きで成り行きで買う。

仕掛け㊴ 「２番目の詩は最初の詩とほぼ同じ」

基本的な考え方

このタイトルを読めば、あなたはおそらくは私が同じ概念を少し変形したり、ひねったり、あるいはほかの標準的なものと組み合わせながら使うのが好きだと思うだろう。

でも、私はそういうわけではない。それは、私が怠け者（おそらくはほんの少しだけ怠け者）だからなのだが、それよりも、うまくいくアイデアを見つけたら、それらのアイデアはほかのさまざまな状況でもうまくいくと思うからだ。うまくいく一般的なアイデアを見つけることができれば、戦略開発ははるかに簡単になる。

この仕掛けは**仕掛け38**（ほかの仕掛けにも使われている）を少し変更したもので、これに現在の終値が最安値や最高値（これもまたほかのいろいろな仕掛けに使われている）という条件を加えた。

大きな条件は仕掛ける月の制約だ。この条件はこの仕掛けを本書に含めた理由でもある。この戦略は１～６月までは買いしか行わず、７～12月は売りしか行わない。

こうした制約は農産物市場でうまくいく。私はこの仕掛けを大豆で使っている。こうした制約を使うのは、１年の最初の６カ月は価格は上昇し、残りの６カ月は価格は下落するという季節性が昔からあったからだ。

ほかの市場には別の季節性があると思うので、季節性分析を行ってみるとよいだろう。

イージーランゲージコード

```
Var:xbar(10);
Var:thresh(.5);

If month(date)<=6 and close=highest(close,xbar) and ((c-l)/(h-l))<thresh then buy next bar at market;
If month(date)>6 and close=lowest(close,xbar) and ((c-l)/(h-l))>(1-thresh) then sellshort next bar at market;
```

平易な言語表現

現在が１～６月なら、買いだけを行い、現在が７～12月なら売りだけを行う。

１～６月に買いを行うには２つの条件を満たさなければならない。
①現在の足の終値が直近10日間の最高値である
②（終値－安値）÷（高値－安値）が自分で決めた閾値threshを下回る
これら２つの条件が満たされたら、次の足の寄り付きで成り行きで買う。

７～12月に売りを行うには２つの条件を満たさなければならない。
①現在の足の終値が直近10間の最安値である
②（終値－安値）÷（高値－安値）が１－自分で決めた閾値threshを上回る
これら２つの条件が満たされたら、次の足の寄り付きで成り行きで売る。

仕掛け㊵　「そろそろ時間だ」

基本的な考え方

仕掛け39では、買いに向く月と売りに向く月を特定した。

今回の仕掛けは**仕掛け39**の考え方を踏襲するものだが、違うのは**仕掛け39**では月を特定したが、この仕掛けではその日の時間帯を特定するものだ。

これは2017～2018年にかけてビットコイン先物用として開発したのだが、この概念は24時間市場ならどんな市場にでも適用可能だ。

その日の時間帯には、買いに向く時間帯と売りに向く時間帯があるというのが、この仕掛けの背景にある考え方だ。あなたの好みの市場で買いに向く時間帯と売りに向く時間帯を調べるにはデータ分析をやってみる必要がある。ただし、データをすべて使って調べるのではなくて、データの一部を使って調べたあと、残りのデータを使って検証することが重要だ。

このアイデアはビットコイン先物（ビットコインの通貨単位はXBT）では最初は利益が出たが、そのうちに効かなくなった。しかし、概念やアイデアそのものはほかの市場にも適用できるはずだ。

イージーランゲージコード

```
Var:barsback (10);
Var:BullSignalTime(False), BearSignalTime(false);
```

損切りを加えた仕掛け40の資産曲線（この市場ではもはや収益機会はない！）

資産曲線――ビットコイン45分足（2017/12/10 18:30～2019/04/17 12:30）

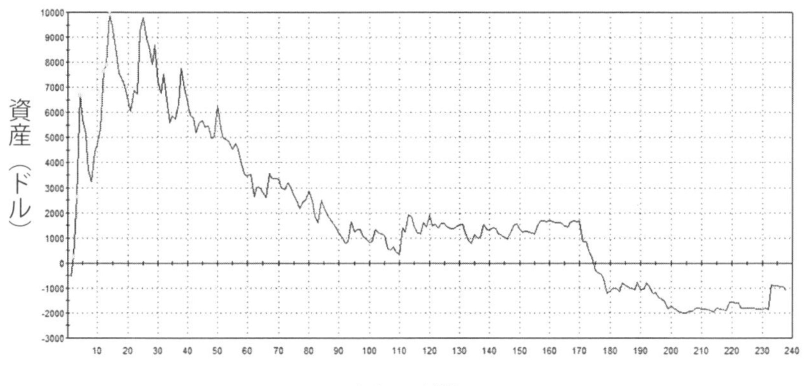

トレード数

```
If (time>300 and time[1]<=300) or (time>2130 and time[1]<=2130) then Bullsignaltime=True;
If (time>900 and time[1]<=900) then Bearsignaltime=True;

if Bullsignaltime and close>close[barsback] then Buy next bar at close limit;
if Bearsignaltime and close<close[barsback] then sellshort next bar at close limit;
```

平易な言語表現

現在の時間が３時または21時30分（24時間表記）ちょうどにあり、モメンタムが上昇していれば、買う。

現在の時間が９時ちょうどにあり、モメンタムが下落していれば、売る。

現在の足の終値が10本前の足の終値を上回っていれば、現在の足の終値に買いの指値注文を入れる。
現在の足の終値が10本前の足の終値を下回っていれば、現在の足の終値に売りの指値注文を入れる。

仕掛け㊶「フィルターを使った仕掛け」

基本的な考え方

この仕掛けは至ってシンプルだ。この仕掛けは２つの部分からなる。まず、終値の最高値、または最安値を見つける。そして、もう１つの部分はフィルターだ。このフィルターは昨日の平均レンジが２日前の平均レンジを下回るものだけを選び出す。

イージーランゲージコード

```
Var:barsback(25);
Var:filter(False);

filter = (highd(1)-lowd(1))< (highd(2)-lowd(2));

If filter = True then begin

IF C = lowest(C, barsback) and filter = true then Sellshort
next bar at market;
IF C = highest(C, barsback) and filter = true then buy next bar
at market;
End;
```

平易な言語表現

昨日のレンジが２日前のレンジよりも小さければ、最安値なら売り、最高値なら買う。

トレードを仕掛けることができると想定して、現在の足の終値が直近25日間の最安値だったら、次の足の寄り付きで成り行きで売る。

現在の足の終値が直近25日間の最高値だったら、次の足の寄り付きで成り行きで買う。

手仕舞い❶ 「どんな手仕舞いもまだ本当の手仕舞いではない」

基本的な考え方

次の仮のコードを見てみよう。

Buy next bar at a 50 bar high（直近50期間の高値なら次の足で買う）

Sell short next bar at a 50 bar low（直近50期間の安値なら次の足で売る）

これは簡単なブレイクアウトによる仕掛けだと思うのではないだろうか。でも、よく見てみると、これは手仕舞いでもあることに気づくはずだ。一見そうは見えないかもしれないが、これはシンプルなドテンだ。どんな仕掛けにもこのメカニズムが組み込まれている。

よく分からない人のために説明しよう。

例えば、今買っているとしよう。そして直近50期間の安値が出現したら、あなたは何をするだろうか。まず、買いポジションを手仕舞って、同時に売るだろう。直近50期間の高値が出現した場合も同じだ。あなたは売りポジションを手仕舞って、同時に買うだろう。

あなたはこう言うかもしれない（カリフォルニアのサーファーのアクセントで言うのがベスト）――「おい相棒よ、これは単純すぎるぜ。おれは本当の手仕舞いをしたいんだ」。

それでは教えよう。「ドテン」こそが本当の手仕舞いなのだ。ドテンは仕掛けの一部でもあるので、多くの人はこれが本当の手仕舞いだとは思わなかったり、見落としたりしがちだが、次の２つの戦略ではパフォーマンスは大幅に違ってくる。

```
//Strategy 1 - Standard Stop and Reverse
  Buy Next bar at a 50 bar high;
  sell short next bar at a 50 bar low;

//Strategy 2 - Entry only
  if currently flat, Buy next bar at a 50 bar high;
  If currently flat, Sell short next bar at a 50 bar low;
```

見て分かるように、基本的な仕掛けは同じだが、戦略２には手仕舞いがなく、今がマルのときに市場に参入するだけだ。これは戦略１と比べるとパフォーマンスは各段に違ってくる。

ほとんどのトレードソフトは、あなたが買いシグナルを得たら、まず最初に売りポジションを手仕舞うものと自動的に想定する。なぜなら、買いと売りを同時に行う（これはマルにすることを意味する）という概念がないからだ。

次の戦略ではこのドテン戦略、または仕掛けるだけの仕掛けを試してみよう。結果が大きく異なることに驚くはずだ。

イージーランゲージコード

```
Var: barsback(50); //bars in lookback period

//STOP AND REVERSE (Entry also acts as exit)
If close=highest(close,barsback) then buy next bar at market;
If close=lowest(close,barsback) then sellshort next bar at
market;

//Entry Only (Entry does NOT also act as exit)
```

```
If marketposition=0 and close=highest(close,barsback) then
buy next bar at market;
If marketposition=0 and close=lowest(close,barsback) then
sellshort next bar at market;
```

平易な言語表現

ドテンするには、終値が直近50期間の最高値なら次の足で買う。売りの場合はこの逆だ。

現在のポジションがマルなら、終値が直近50期間の最高値なら次の足で買う。売りの場合はこの逆だ。

この戦略では必ず手仕舞いを加えなければならないことに注意しよう。

手仕舞い❷　「スタートはシンプルに」

基本的な考え方

ほとんどのトレーダーは、逆指値による手仕舞い注文と利益目標を設定した指値による手仕舞い注文はどんなトレード戦略にとっても重要な要素だと思っている。でも、本当は違う。戦略にこれらの１つか、２つを置かなければならないというルールはないのだ。

逆指値による手仕舞いは成り行き注文だが、それはある指定の価格に達するまでは注文は執行されない。逆指値による手仕舞い注文は壊滅的な損失を防いでくれるが、戦略の全体的なパフォーマンスは下がるのが普通だ。だが、心の安らぎを得るために逆指値による手仕舞い注文を置く人は多い。

一方、利益目標を設定した場合は指値注文になる。これが執行されるには、価格は指値を上回ったり・下回ったりする必要がある。価格の急上昇を利用できるため、時には非常に有益なこともある。しかし、長期トレンドフォロワーにとっては利益目標はあまり役に立たない。トレンドがまだ続いているのに早めに手仕舞ってしまうことが多いからだ。

私はこれら２つの手仕舞い注文を兼ね備えた多くのシステムを持っているが、これらを含まないシステムもたくさん持っている。また、逆指値による手仕舞い注文だけで、指値による手仕舞い注文のない戦略もたくさん持っている。これらの戦略は「損切りは早く、利は伸ばせ」の格言を利用したものだ。

逆指値による手仕舞い注文や指値による手仕舞い注文を設定する方

法は星の数ほどある。支持線や抵抗線を使うものもあれば、チャートパターンを使うものもある。この手仕舞いについては4つの方法を紹介しよう。価格に基づいた手仕舞い法、ATRに基づいた手仕舞い法、これら2つを組み合わせた手仕舞い法（2つ）だ。

- **メソッド1**　1枚当たりの損益（金額）に基づいた手仕舞い
- **メソッド2**　直近のATRに基づいた手仕舞い
- **メソッド3**　ATRの最大値に基づいた手仕舞い。これはボラティリティが低いときにうまくいき、逆指値や指値を置く位置が近くなる。このメソッドではATRの最大値と逆指値や指値の最小値を計算することで、逆指値や指値の下限値幅を設定することができる。
- **メソッド4**　ATRの最小値に基づいた手仕舞い。これはボラティリティが高いときにうまくいき、逆指値や指値の置く位置が予想外に遠くなるのを防ぐことができる。このメソッドではATRの最小値と逆指値や指値の最大値を計算することで、逆指値や指値の上限値幅を設定することができる。

イージーランゲージコード

```
Var: stopdollar(1000); //stop level in dollars
Var: targetdollar(1000); //target level in dollars
Var: stopATR(2); //stop level ATR multiplier
Var: targetATR(3); //target level ATR multiplier
Var: stopdollarmin(500); //minimum stop level in dollars
Var: profitdollarmin(800); //minimum profit level in dollars
Var: stopdollarmax(1500); //maximum stop level in dollars
Var: profitdollarmax(500); //maximum profit level in dollars
Var: imethod(1) ; //stop and profit method
```

```
If imethod =1 then begin
Setstopcontract;
Setstoploss(stopdollar);
Setprofittarget(targetdollar);
End;

If imethod =2 then begin
Setstopcontract;
Setstoploss(stopATR*AvgTrueRange(15)*BigPointValue);
Setprofittarget(targetATR*AvgTrueRange(15)*BigPointValue);
End;

If imethod =3 then begin
Setstopcontract;
Setstoploss(maxlist(stopdollarmin, stopATR*AvgTrueRange(1
5)*BigPointValue));
Setprofittarget(maxlist(profitdollarmin, targetATR*AvgTrueR
ange(15)*BigPointValue));
End;

If imethod =4 then begin
Setstopcontract;
Setstoploss(minlist(stopdollarmax, stopATR*AvgTrueRange(1
5)*BigPointValue));
Setprofittarget(minlist(profitdollarmax, targetATR*AvgTrueR
ange(15)*BigPointValue));
End;
```

平易な言語表現

メソッド１では、価格に基づいた逆指値と指値を使う。

メソッド２では、直近のATRに自分で決めた係数のstopATRまたはprofitATRを掛けたものを逆指値や指値の置く位置にする。この価格はあなたのプラットフォームに合わせて適切な単位に変換する（ポイント、ドル価など）。

メソッド３では、計算はメソッド２と同じだが、手仕舞いが逆指値や指値を置く最小限の幅を下回らないようにする。これでボラティリティが低い期間の損切りや利益目標があまりにも小さな値にならないようにすることができる。

メソッド４では、計算は同じくメソッド２と同じだが、手仕舞いが逆指値や指値を置く最大限の幅を上回らないようにする。これでボラティリティが高い期間の損切りや利益目標があまりにも大きな値にならないようにすることができる。

手仕舞い❸　「時間による手仕舞い」

基本的な考え方

これから紹介するのは私の好きな手仕舞いだ。私がこの手仕舞いが好きなのは、いろいろな市場状態や時間枠で非常にうまくいくからだ。

これは数年前に偶然発見した手仕舞い法で、最初はこれほどうまくいくとは思わなかった。これは仕掛けから一定の本数の足が経過したら手仕舞うという至ってシンプルなものだ。どう？　簡単でしょ。

これまで長年にわたってこの手仕舞い法のいろいろなバリエーションを試してきた。ここではそのいくつかを紹介しているが、シンプルなものが一番うまくいくようだ。

私は長年にわたってこの手仕舞いを使ってきたが、だれにも話さなかった。数年前、私の友人でチャンピオントレーダーのアンドレア・ウンガーと話をしていたときに、私がこの「バカみたいに簡単な」手仕舞い法を使っていることを話した。

ところが、彼もそれを使っていると言うではないか。彼はこの手仕舞い法は本当に素晴らしいと言っていた。これを知って私は驚いた。

そのあと、伝説のトレーダーであるジョン・ヘンリーのインタビューを読んだのだが、彼もこの手仕舞いを使っていて気に入っていると書いてあった。また、大いに驚いた。

ここで紹介しているのがその手仕舞いだ。これがうまくいくのは、どの仕掛けシグナルもそれほど長くは続かないからだと思う。この手仕舞いは仕掛けシグナルが有効ではなくなる前に手仕舞いするのがポイントだ。

イージーランゲージコード

```
  Var: bse(10); //bars to exit after
  Var: imethod(1) ; //exit method

  If imethod =1 and BarsSinceEntry>= bse then begin
  Sell next bar at market;
  Buy to cover next bar at market;
  End;

  //exit after specified number of bars, ONLY if position is
currently profitable
  If imethod =2 and BarsSinceEntry>= bse and
openpositionprofit>0 then begin
  Sell next bar at market;
  Buy to cover next bar at market;
  End;

  //exit after specified number of bars, ONLY if position is
currently losing
  If imethod =3 and BarsSinceEntry>= bse and
openpositionprofit<0 then begin
  Sell next bar at market;
  Buy to cover next bar at market;
  End;
```

平易な言語表現

メソッド１では、仕掛けから10本あとの足で損益にかかわらず手仕舞う。

メソッド２では、現在のポジションが含み益になっているときだけ、仕掛けから10本あとの足で手仕舞う。

メソッド３では、現在のポジションが含み損になっているときだけ、仕掛けから10本あとの足で手仕舞う。

手仕舞い❹「時間（日付）による手仕舞い」

基本的な考え方

ただ単に一定数の足が形成されたあとに手仕舞うだけでなく、例えば新しい月が始まったとき、新しい日が始まったとき、あるいは１日のうちの特定の時間に手仕舞いたいときもあるだろう。この手仕舞いではさまざまなバリエーションが可能だ。

この手仕舞いは長期トレード向けのものだ。私はこの手仕舞いは金市場で使う。金市場では新年の始まりと７月の始まりの２回ポジションを手仕舞う。

この手仕舞いは異なる月、日、時間などに変更することが可能だ。

イージーランゲージコード

```
if year(date)<>year(date[1]) or (month(date)=7 and
month(date[1])=6) then begin
sell next bar at market;
buytocover next bar at market;
end;
```

平易な言語表現

次の条件のいずれかが満たされたら、買いポジションや売りポジションを手仕舞う。

①現在の足の年が前の足の年と異なる場合（12月末から１月の初め）
②現在の足の月が７月で、前の足の月が６月の場合（６月末から７月の初め）

手仕舞い❺ 「パーセンタイルによる手仕舞い」

基本的な考え方

この手仕舞いはとても簡単で、私は株と株価指数で使ったことがある。これは非常に有力な手仕舞い法で、価格が逆行したら手仕舞うというものだ。

この手仕舞いは直近の価格を見て、現在の足の終値と最近の価格との関係を調べる。買いポジションを保有していて、現在の足の終値が低いパーセンタイルに位置する場合は手仕舞う、あるいは売りポジションを保有していて、現在の足の終値が高いパーセンタイルに位置する場合は手仕舞う。

パーセンタイル閾値は0.5（50％）に設定したが、もちろんあなたに合うように変えてもよい。

イージーランゲージコード

```
Var: barsback(5);

if close<Percentile(.50, Close, barsback) then Sell next bar at market;
if close>Percentile(.50, Close, barsback) then BuyToCover next bar at market;
```

平易な言語表現

直近５本の足の終値を調べる。

買いポジションを保有していて、現在の足の終値が直近のすべての足の終値に対して50パーセンタイルを下回った場合は次の足の寄り付きで成り行きで手仕舞う。

売りポジションを保有していて、現在の足の終値が直近のすべての足の終値に対して50パーセンタイルを上回った場合は次の足の寄り付きで成り行きで手仕舞う。

手仕舞い❻ 「良い状態のうちに手仕舞う」

基本的な考え方

だれもが知っているように、市場は直線的に上昇したり・下落したりするわけではない。上下動を繰り返しながら上昇したり・下落したりする。時には何本かの足が連続して順行して価格があなたの思惑どおりに動くことがある。しかし、そんな流れはいずれは終わる。この戦略は、良い状態のうちに手仕舞うのがポイントだ。

もちろん、このコードはここで示している３本の足よりも長くか、あるいは短く変更することができる。私が３本の足を選んだのは、上げて引けたり、下げて引けたりは前の終値とは無関係だと仮定すると、３本連続して上げて引けたり、３本連続して下げて引けたりしたとき、４番目の足が前の３本の足の方向と同じ方向に動く確率はわずか６％しかないからだ。

以前に、トレードを始める前に何本かの足が同じ方向に引けることについて書いたことがあるが、何本かの足が同じ方向に引けるという現象は、仕掛けにも手仕舞いにも使えるのである。

イージーランゲージコード

```
if close>close[1] and close[1]>close[2] and close[2]>close[3]
then sell next bar at market;
if close<close[1] and close[1]<close[2] and close[2]<close[3]
then buytocover next bar at market;
```

平易な言語表現

終値が３回連続して上げて引けたら、買いポジションを手仕舞う。
終値が３回連続して下げて引けたら、売りポジションを手仕舞う。

手仕舞い❼　「本当にうまくいくその日の終わりの手仕舞い」

基本的な考え方

トレードステーションにはその日の終わりの手仕舞いを表す良いキーワードがある。それが「setexitonclose」だ。

問題はこの手仕舞いがリアルタイムではうまくいかないことだ。

これはバックテストでは非常にうまくいくが、リアルタイムではうまくいかない。なぜなら取引時間をカスタマイズしないかぎり、トレードステーションでは手仕舞い注文はプラットフォームが市場が閉まったことを感知したあとで送られるからだ。そして、トレードステーションが注文を送ると、市場はもう閉まっているので取引所はその注文を受け付けない。

この手仕舞いはこういった問題を解決するためのものだ。注意しなければならないのは、これはXX分足でのみ機能するということだ。日足や特殊な時間枠ではおそらくうまく機能しない。

この手仕舞いを使う前に、あなたが特定した手仕舞い時間のあとに少なくとも足が１本形成されることを確認しよう。そうしなければ、この手仕舞いは正しく機能しない。

私はこの手仕舞いは市場にかかわらずいろいろな日中戦略で使っている。

イージーランゲージコード

```
//exit at TimeExit if you are still in the position
```

```
Var:TimeExit(1605); //4:05 PM chart time
if Time>=TimeExit then begin
sell next bar at open;
buy to cover next bar at open;
end;
```

平易な言語表現

時間が自分で決めた手仕舞い時間のTimeExit（16時５分）に等しいか、それを過ぎたら、現在のポジション（買いポジションだろうが、売りポジションだろうが）を次の足で成り行きで手仕舞う。

手仕舞い❽「すべてを返すな」

基本的な考え方

利益を市場に返したい人なんていない。そうでしょ？　でも、だれもが常に最大利益を得られるわけではない。なぜなら、私たちはいつも利益が最大になる位置以外の位置で手仕舞ってしまうからだ。

これらを踏まえれば、ポジションにある程度の柔軟性を与えることが重要であることが分かってくる。つまり、ポジションに考える余地を与えよということである。しかし、含み益をすべてなくしてしまっては元も子もない。この手仕舞いはそういったことを考慮して設計したもので、直近のATRをガイドとして使う。

イージーランゲージコード

```
Var:xATR(3);//number of ATRs to trail max profit with

if maxpositionprofit-openpositionprofit > xATR*avgtruerange(15)*BigPointValue then begin
sell next bar at market;
buytocover next bar at market;
end;
```

平易な言語表現

現在の含み益（トレードステーションでは「openpositionprofit」）と得られたであろう最大利益（トレードステーションでは「maxpositionprofit」）を計算する。

最大利益と含み益の差がxATR×15期間ATR（1枚当たりのドル価に換算）より大きいとき、ポジションを手仕舞う。

手仕舞い❾ 「利益を守るもの」

基本的な考え方

これは**手仕舞い8**に似ているが、ATRを基にした金額ではなくて、一定率の利益を守るという点が異なる。どんなポジションも最初は、含み益がゼロか、含み益と最大利益の比は1なので、これは一定の利益水準に達しているときにのみ意味をなす。

したがって、この手仕舞いには調整すべき変数が2つある。「利益閾値（ドル価）」と「利益の保護率」だ。

イージーランゲージコード

```
//set ppfloor and ppratio to protect profit
Var: ppfloor(1000); //don't invoke exit until $1000 profit level is reached
Var:ppratio(.60); //profit keep ratio - keep 60% of maximum profit

If maxpositionprofit>=ppfloor then begin
If (openpositionprofit/maxpositionprofit)<ppratio then begin
Sell next bar at market;
Buy To Cover Next bar at market;
End;
End;
```

平易な言語表現

最大利益がppfloor（1000ドル）以上のとき、次のステップに進む。

現在の含み益を最大利益で割ったものがppratio（0.6）を下回るとき、次の足の寄り付きで成り行きで手仕舞う。

手仕舞い⑩ 「好きなときに手仕舞う」

基本的な考え方

これまでの手仕舞いのほとんどは利益に基づくものだった。しかし、損益にかかわらず一定の価格で手仕舞いしたいときもたくさんある。それは例えば、支持線だったり、抵抗線だったり、スイングハイだったり、スイングローだったりといろいろだ。

この手仕舞いはLongProfitExitとLongLossExitで買いポジションを手仕舞い、ShortProfitExitとShortLossExitで売りポジションを手仕舞う。ここでは利益目標には10本の足の高値や10本の足の安値を使い、損切りには7本の足の高値や7本の足の安値を使ったが、これはあなたの好みの価格水準や手法を用いても構わない。

イージーランゲージコード

```
Var: LongProfExit(0), LongLossExit(0),ShortProfExit(0),ShortLossExit(0);

LongProfExit=highest(high,10);
LongLossExit=lowest(low,7);
ShortProfExit=lowest(low,10);
ShortLossExit=highest(high,7);

Sell next bar at LongProfExit limit;
```

```
Sell next bar at LongLossExit stop;
BuyToCover next bar at ShortProfExit limit;
BuyToCover next bar at ShortLossExit stop;
```

平易な言語表現

あなたの選んだ手法に基づいて、買いの手仕舞いポイントと売りの手仕舞いポイントを計算する。

この手仕舞いでは、買いポジションの場合は、利益目標には直近10本の足の最高値を使い、損切りには直近７本の足の最安値を使う。

売りポジションの場合は、利益目標には直近10本の足の最安値を使い、損切りには直近７本の足の最高値を使う。

利益の出ているポジションは指値で手仕舞い、損失の出ているポジションは逆指値を置いて手仕舞う。

手仕舞い⑪　「段階的手仕舞い」

基本的な考え方

この手仕舞い法は基本は**手仕舞い９**と同じだが、利益の保護水準が異なる。最大利益が増えると、保護したい利益率も増えるはずだ。この手仕舞いはそういったことを可能にしてくれる手仕舞いだ。

イージーランゲージコード

```
//set ppfloor and ppratio values to protect profit

Var: ppfloor1(1000); //don't invoke exit 1 until $1000 profit
level is reached
Var: ppfloor2(2000); //don't invoke exit 2 until $2000 profit
level is reached
Var: ppfloor3(3000); //don't invoke exit 3 until $3000 profit
level is reached
Var:ppratio(0); //depends on maxpositionprofit
Var:ppratio1(.60); //profit exit 1 keep ratio - keep 60% of
maximum profit
Var:ppratio2(.75); //profit exit 2 keep ratio - keep 75% of
maximum profit
Var:ppratio3(.90); //profit exit 3 keep ratio - keep 90% of
maximum profit
```

```
If maxpositionprofit>=ppfloor1 then ppratio=ppratio1;
If maxpositionprofit>=ppfloor2 then ppratio=ppratio2;
If maxpositionprofit>=ppfloor3 then ppratio=ppratio3;

If maxpositionprofit>=ppfloor1 then begin
if (openpositionprofit/maxpositionprofit)<ppratio then begin
Sell next bar at market;
Buy To Cover Next bar at market;
End;
End;
```

平易な言語表現

最大利益がppfloor1よりも大きいとき、次のステップに進む。

ppratioを正しい値に設定する。

最大利益がppfloor3よりも大きいとき、ppratio=ppfloor3に設定。

最大利益がppfloor2よりも大きくて、ppfloor3よりも小さいとき、ppratio=ppfloor2に設定。

最大利益がppfloor1よりも大きくて、ppfloor2よりも小さいとき、ppratio=ppfloor1に設定。

最後に、現在の含み益を最大利益で割ったものがppratioよりも小さいとき、次の足の寄り付きで成り行きで手仕舞う。

ボーナスの仕掛け❶ 「アルティメット」

基本的な考え方

この仕掛けはラリー・ウィリアムズのアルティメット・オシレーター（https://www.investopedia.com/terms/u/ultimateoscillator.asp）を使ったものだ。

特別なことは何もない。オシレーターの直近10期間の最高値か、最安値で仕掛けるだけだ。

デフォルトのパラメーターはラリー・ウィリアムズと同じものを使っている。そして、買いトレードと売りトレードのルックバック期間もウィリアムズと同じものを使っている。

もちろん、これらのパラメーターは自由に変えて構わない。ただし、最適化するものが増えれば、カーブフィットする可能性が高くなるので注意が必要だ。

イージーランゲージコード

```
Var: xbars(10);

if UltimateOsc(7,14,28)= lowest(UltimateOsc(7,14,28),xbars)
then buy next bar at market;
if UltimateOsc(7,14,28)= highest(UltimateOsc(7,14,28),xbars)
then sellshort next bar at market;
```

平易な言語表現

パラメーターの値として7、14、28（これはラリー・ウィリアムズのデフォルトパラメーター）を使って、アルティメット・オシレーターを計算する。オシレーターの現在の値が直近10期間の最高値だったら、次の足の寄り付きで成り行きで売り、オシレーターの現在の値が直近10期間の最安値だったら、次の足の寄り付きで成り行きで買う。

ボーナスの仕掛け❷ 「条件付き曜日戦略」

基本的な考え方

これは非常に簡単な曜日戦略だ。金曜日の寄り付きで買って、週末の間はそのポジションを保持し、月曜日の寄り付きで売る。

ただしこれには、この戦略自身の特定の期間の損失があまり大きくないときだけトレードを仕掛けるという条件が含まれる。つまり、パフォーマンスがあまりにも悪いときはこの戦略は使わないということだ。シンプルだが、非常に効果的だ。

ドテンだけでは物足りなければほかの手仕舞いを含んでもよい。

イージーランゲージコード

```
var:TotEquity(0);
Var:lookback(200);
Var: LossAmt(3000);

TotEquity = NetProfit + OpenPositionProfit;

If TotEquity-TotEquity[lookback]<-LossAmt then begin

If dayofweek(date)=4 then buy next bar at open;

If dayofweek(date)=5 then sellshort next bar at open;
```

```
End;
```

平易な言語表現

保有ポジションの含み損益を含めたこの戦略の現在までの損益を計算する。直近200日における戦略の損失が3000ドルを上回ったら、仕掛けない。

仕掛けられるときは、金曜日の寄り付きで買い、月曜日の寄り付きで売る。

シンプルなドテンだけでは物足りなければ、ほかの手仕舞いを含んでもよい。

アドバイス

良い戦略を開発するうえで手助けになると思われるアドバイス

1．変数だからという理由だけで……

あらゆる仕掛けも手仕舞いも、最低1つの変数を含むのが普通だ。もちろんすべての変数を最適化することはできるが、それは必ずしも良いこととは限らない。実はこれは悪いことなのだ。

最適化は時には役立つこともあるが、良い戦略を見つけるうえでの解決策にはならない。バックテストの結果は良いかもしれないが、だからといって、戦略がリアルタイムでもうまくいくとは限らない。私の経験上、この逆のほうが多い。最高に最適化されたパラメーターの組み合わせは準最適なパラメーターに比べると、リアルタイムではアンダーパフォームすることが多い。

最適化には注意が必要だ。

2．日中トレードか、オーバーナイトか

本書で紹介した仕掛けや手仕舞いの大部分は日中トレード（市場が閉まる前に手仕舞う）でも、オーバーナイトトレード（トレードを一度行ったら数日か数週間保持する）でも使うことが可能だが、仕掛けや手仕舞いによっては若干の修正が必要なものもある。

今行っている戦略のチャートを見て、その戦略が日中やオーバーナイトで正しく動作しているかどうかを確認しよう。これは主要な検証を行う前に行おう。

ところで私の経験から言えば、オーバーナイトシステムは日中システムの開発よりも簡単だが、私は日中トレード（その日のうちに手仕舞ってオーバーナイトリスクを抱えない）のほうがはるかに好きだ。し

かし残念ながら、時にはあなたが望むものではなく、市場が与えてくれるものを受け入れざるを得ないこともある。

3．仕掛けの対称性

本書で私が紹介した仕掛けや手仕舞いはほとんどが対称的になっていることに気づいたはずだ。売りトレードは買いトレードの鏡像になっているということである。これは意図的にそうした。

どんな市場でも買いや売りの能力は限定したくはないはずだ。買いは売りと同じくらい簡単でなければならない。なぜなら、過去のデータを見てみると、ほとんどの市場はほぼ同じ頻度で上昇と下落を繰り返してきたからだ。

例外は株式市場だ。株式市場の場合、値動きは上昇に偏っている。したがって、時には戦略は買いトレードに偏ったものになることがある。

多くの市場は上昇するスピードよりも下落するスピードのほうが速いが、手仕舞いを仕掛けと極端に変える必要はない。

このように仕掛けと手仕舞いを対称的に維持するのは、カーブフィットにならないようにするためだ。おのおのの戦略で買いパラメーターと売りパラメーターを別々に設定すれば、バックテスト結果は良くなるかもしれない。しかし、素晴らしいバックテストを行うことが目的ではない。

買いトレードと売りトレードのパラメーターを別々にするのはよく考えるべきである。検証するパラメーターの数をバックテストで2倍にすればバックテストでは良い結果が出るだろうが、リアルタイムトレードではうまくはいかない。

4．注文の種類

私はトレードでは主として成り行き注文を使う。私の戦略のすべての要素が「買い」だと言えば、私はその機会を逃さずにすぐにそのトレードを行う。もちろん、トレードを行うにはスリッページという取引コストがかかる。

逆指値注文でもスリッページはかかる。逆指値注文は自分たちを守ってくれると思っている人は多いが、いつもそうとは限らない。逆指値注文にもスリッページはかかり、巨額になることもある。

私が絶対にやりたくないのが指値注文だ。指値注文にはスリッページがかからないため、指値注文という考え方は好きだが、指値注文の価格まで到達しても執行されず、そのあと市場が私を置き去りにして遠ざかるということがあまりにも多い。これほどフラストレーションのたまることはない。また、指値注文は複数の枚数をトレードしていて、一部が執行されたときは扱いにくくなる。指値注文には注意が必要だ。スリッページコストはかからないが、かえって問題が増える場合もあるのだ。

5．仕掛けと手仕舞いの相互関係が重要

１つ覚えておいてもらいたい重要なことは、仕掛けと手仕舞いが組み合わさって戦略になるのであって、仕掛けと手仕舞いのいずれか一方だけでは戦略にはならないということである。私は、特定の１つの手仕舞いとは相性が良いが、ほかの手仕舞いと一緒に使うとうまくいかない仕掛けがあったり、またはこの逆があることを発見した。

したがって、仕掛けと手仕舞いの相互関係は極めて重要だ。これは検証では特に重要だ。ある仕掛けをある手仕舞いで検証してみたところひどい結果になったからと言って、その仕掛けを捨ててはならない。ほかの手仕舞いでも試してみることが重要だ。ほかの手仕舞いと組み合わせることでうまくいくことがあるのだ。

6．戦略のアイデアを得るのに役立つお勧めの本や雑誌

戦略の仕掛けや手仕舞いのアイデアを得るのにお勧めの本や雑誌を紹介しよう。

- ●アート・コリンズ著『**株価指数先物必勝システム――ノイズとチャンスを見極め、優位性のあるバイアスを取り込め**』（パンローリング）
- ●トゥーシャー・シャンデ著『**売買システム入門――相場金融工学の考え方→作り方→評価法**』（パンローリング）
- ●マイケル・ハリス著『プロフィタビリティ・アンド・システマティック・トレーディング（Profitability and Systematic Trading : A Quantitative Approach to Probitability, Risk, and Money Management）』
- ●雑誌『テクニカル・アナリシス・オブ・ストックス・アンド・コモディティーズ（Technical Analysis of Stocks and Commodities）』

本書を読んだあとのステップ

本書を読み終えたあなたの頭は今、混乱しているかもしれない。本書のなかには情報がぎっしり詰まっているので、混乱しても当然だ。そこで、本書を読んだあと何をすべきかを示していきたいと思う。

1．トレード用プラットフォームを学べ

戦略を検証できるトレード用プラットフォームをお持ちでない方は、入手しよう。プラットフォームを入手したら、それで戦略をプログラミングする方法を学ぶ。私と一緒にトレードしているほとんどのトレーダーたちもトレードステーションを使っている。この本の読者にもトレードステーションをお勧めしたい。詳しいことを知りたい人はメールを送ってほしい。

第一のステップは、戦略をプログラミングしてパフォーマンステストが行えるようにすることだ。

2．検証と開発の体系的なアプローチを持て

成功を手にするには正しい検証方法を持つことが極めて重要だ。戦略を開発して、すべてを最適化して、最高の最適化結果を使えばトレードできると考えている人は多い。これだけやれば成功間違いなしと思っているのだ。

しかし、実際には戦略を正しく開発して検証するのは非常に骨の折れる作業で、多くの落とし穴もある。私は市場でお金を失いながら自分のアプローチを苦労して開発した。そして、最後には成功する手法を確立することに成功した。次に示すチャートは堅牢な戦略を開発するのに私が今使っている方法を示したものだ。

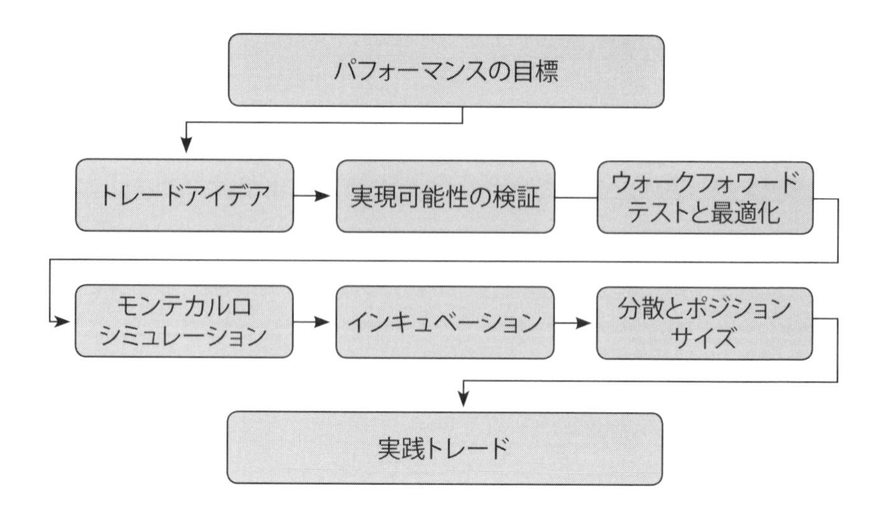

私はこれをストラテジー・ファクトリー・アプローチと呼んでいる。これは私にとっては非常にうまくいく方法で、これまで一緒にトレードしてきた多くの人もこれを使ってうまくいった。

仕掛けや手仕舞いを検証する前に、戦略を開発・検証する堅牢なアプローチを持っているかどうか確認しよう。これは非常に重要なことだ。

3．市場と時間枠を選ぶ

いろいろな市場でうまくいく戦略もあれば、1つの市場でしかうまくいかない戦略もある。問題は、検証するまでそれが分からないことだ。

したがって、私は検証を始める前には必ず、どの市場を検証するのか、どの時間枠を検証するのかを確認することにしている。検証する市場と時間枠は非常に重要だ。ユーロの日足戦略は、日本円の日足戦略やユーロの120分足戦略とはまったく違うパフォーマンスを示すからだ。

４．仕掛けと手仕舞いを組み合わせて戦略を作成する

このステップは「戦略作成」ステップだ。本書で紹介した仕掛けを１つ選び、本書で紹介したものか、自分のオリジナルの手仕舞いを１つ以上選び、それらを組み合わせて戦略を作成する。これで検証する戦略の出来上がりだ。戦略を１つ作成すれば、どの戦略でも反対戦略を作成できるので、実際には少なくとも２つの戦略を作成したことになる。

戦略が出来上がったらプログラミングし、プログラミングが正しいことを確認したら、いよいよ検証だ。

５．評価する

ステップ２で作成した検証・開発プロセスを使って、どういったものが良い戦略なのか、悪い戦略なのかを見極める。そして、それを検証する。

結論

本書をここまで読んできた人にはおめでとうと言おう。でも、これは本書を使ってのあなたのトレードの旅の始まりにすぎない。本書は参考ガイドとして使ってもらいたい。新しい仕掛けや戦略を検証するとき、本書を開いて参考となる仕掛けや手仕舞いを探し、それを参考にしながら検証を始めよう。

幸運を祈る。進捗状態をぜひ知らせてほしい。

アマゾンで本書のレビューを書いていただければ幸いだ。

ボーナス資料をゲットしよう

本書を読み終えたあなたに素晴らしいボーナスがある。これらのボーナス資料をゲットするには、http://www.AOKbooks.com/52book にアクセスしよう。

- **本書で紹介したすべての仕掛けと手仕舞い**　トレードステーションのイージーランゲージのELDファイル。
- **44分ビデオ「3 Excellent Entries」**　本書で紹介していない高度な仕掛けテクニック。
- **「9 Terrific Trading Entries, 7 Sensible Exits」**　無料のｅブック。本書で紹介していない新しい仕掛けと手仕舞い。
- **無料のトレードウェビナーへの招待**　私が定期的に開催しているウェビナーへの招待。ポッドキャストもある。
- **私が今書いている新しい論文や本に関する予告編**
- **「6 Nifty Extras」**　トレードステーションの便利なコード集。

ケビン・J・ダービーについて

アルゴトレードの世界で何十年にもわたって活躍してきたこの道のエキスパートであるケビン・ダービーは、フルタイムトレーダーでベストセラーの著者でもある。彼は2005年から2007年までワールド・カップ・チャンピオンシップ・オブ・フューチャーズ・トレーディングに出場し、毎年100％を超えるリターンを上げ、1回チャンピオンに輝き、2回2位入賞を果たした。

EミニS&P500から原油、トウモロコシ、ココアにいたるまですべての先物市場におけるトレード戦略を開発・分析・検証し、今は個人口座でフルタイムでトレードしている。また、彼のアルゴトレード講座である「ストラテジー・ファクトリー・ワークショップ」を受講した多くのトレーダーたちはトレードの腕前をめきめきと上げている。ストラテジー・ファクトリー・ワークショップは2016年に名高いトレードウェブサイトの「トレーディング・コース・オブ・ザ・イヤー」を受賞している。もっと詳しく知りたい人は、https://kjtradingsystems.com/index.html にアクセスしてもらいたい。

また彼は賞を受賞したベストセラーである『**システムトレード　検証と実践――自動売買の再現性と許容リスク**』（パンローリング）を通してトレードコミュニティーの教育にも力を注いでいる。同書は2014年と2016年にTraderPlanet.com（https://www.traderplanet.com/）の「トレーディング・ブック・オブ・ザ・イヤー」を受賞した。

ミシガン大学航空宇宙工学科を首席で卒業し、ケース・ウエスタン・リザーブ大学ウェザーヘッド・スクール・オブ・マネージメントでテクノロジーマネジメントのMBA（経営学修士）を修得。同大学ではGPA4.0という驚異的な成績で成績優秀者として大学から表彰された。

フルタイムでトレードを始める前は、航空機部品を設計・製造し、

100人を超えるエンジニアとサポートスタッフを抱える航空宇宙会社で品質工学部門の部長を務めていた。またクレインズ・クリーブランド・ビジネス誌の「40歳以下の40人」にも選ばれた。

今現在、妻と3人の子供たちとオハイオ州クリーブランド郊外に在住。

■著者紹介

ケビン・J・ダービー（Kevin J. Davey）

プロのトレーダーで、システム開発の第一人者。ワールドカップ・オブ・フューチャーズ・トレーディング・チャンピオンシップでは、アルゴリズムトレードシステムを使って、148％、107％、112％と３年連続で３桁リターンをたたき出した。彼のウェブサイト（http://kjtradingsystems.com/index.html）ではトレードシステム、トレードシグナル、メンタリングなどの情報を提供している。また、『フューチャーズ・マガジン』や『アクティブトレーダー』などにも執筆し、ブレント・ペンフォールド著『システムトレード 基本と原則――トレーディングで勝者と敗者を分けるもの』（パンローリング）では「マーケットマスター」として紹介されている。SNSにも活発に参加しており、ツイッター（@kjtrading）には１万4000人近いフォロワーがいる。ミシガン大学航空宇宙工学科を首席で卒業後、ケース・ウエスタン・リザーブ大学ウェザーヘッド・スクール・オブ・マネージメントでテクノロジーマネジメントのMBAを修得。同大学ではGPA4.0という驚異的な成績で成績優秀者として大学から表彰された。フルタイムでトレードを始める前は、航空機部品を設計・製造する航空宇宙会社で品質工学部門の部長を務め、100人を超えるエンジニアとサポートスタッフを管理していた。またクレインズ・クリーブランド・ビジネス誌の「40歳以下の40人」に選ばれた。現在は、妻と３人の子供たちとオハイオ州クリーブランド郊外に在住。著書に『システムトレード　検証と実践――自動売買の再現性と許容リスク』（パンローリング）がある。

■監修者紹介

長岡半太郎（ながおか・はんたろう）

放送大学教養学部卒。放送大学大学院文化科学研究科（情報学）修了・修士（学術）。日米の銀行、CTA、ヘッジファンドなどを経て、現在は中堅運用会社勤務。全国通訳案内士、認定心理士。訳書、監修書多数。

■訳者紹介

山下恵美子（やました・えみこ）

電気通信大学・電子工学科卒。エレクトロニクス専門商社で社内翻訳スタッフとして勤務したあと、現在はフリーランスで特許翻訳、ノンフィクションを中心に翻訳活動を展開中。主な訳書に『EXCELとVBAで学ぶ先端ファイナンスの世界』『リスクバジェッティングのためのVaR』『ロケット工学投資法』『投資家のためのマネーマネジメント』『高勝率トレード学のススメ』『勝利の売買システム』『フルタイムトレーダー完全マニュアル』『新版　魔術師たちの心理学』『資産価値測定総論１、２、３』『テイラーの場帳トレーダー入門』『ラルフ・ビンスの資金管理大全』『テクニカル分析の迷信』『ターブ博士のトレード学校　ポジションサイジング入門』『アルゴリズムトレーディング入門』『クオンツトレーディング入門』『スイングトレード大学』『コナーズの短期売買実践』『ワン・グッド・トレード』『FXメタトレーダー4 MQLプログラミング』『ラリー・ウィリアムズの短期売買法【第２版】』『損切りか保有かを決める最大逆行幅入門』『株式超短期売買法』『プライスアクションとローソク足の法則』『トレードシステムはどう作ればよいのか　１　２』『トレードコーチとメンタルクリニック』『トレードシステムの法則』『トレンドフォロー白書』『スーパーストック発掘法』『出来高・価格分析の完全ガイド』『アメリカ市場創世記』『ウォール街のモメンタムウォーカー』『グレアム・バフェット流投資のスクリーニングモデル』『Rとトレード』『ザ・シンプルストラテジー』『システマティックトレード』『市場ベースの経営』『世界一簡単なアルゴリズムトレードの構築方法』『システムトレード 検証と実践』『アルゴリズムトレードの道具箱』『ウォール街のモメンタムウォーカー【個別銘柄編】』『プライスアクション短期売買法』『新訳 バブルの歴史』『トレンドフォロー大全』『アセットアロケーションの最適化』『フルタイムトレーダー完全マニュアル【第３版】』（以上、パンローリング）、『FORBEGINNERSシリーズ90　数学』（現代書館）、『ゲーム開発のための数学・物理学入門』（ソフトバンク・パブリッシング）がある。

2020年1月2日　初版第1刷発行

ウィザードブックシリーズ㉙⓪

アルゴトレードの入門から実践へ
——イージーランゲージによるプログラミングガイド

著　者　ケビン・J・ダービー
監修者　長岡半太郎
訳　者　山下恵美子
発行者　後藤康徳
発行所　パンローリング株式会社
〒160-0023　東京都新宿区西新宿7-9-18　6階
TEL 03-5386-7391　FAX 03-5386-7393
http://www.panrolling.com/
E-mail　info@panrolling.com
編　集　エフ・ジー・アイ（Factory of Gnomic Three Monkeys Investment）合資会社
装　丁　パンローリング装丁室
組　版　パンローリング制作室
印刷・製本　株式会社シナノ

ISBN978-4-7759-7259-5

ウィザードブックシリーズ 248

システムトレード 検証と実践

自動売買の再現性と許容リスク

ケビン・J・ダービー【著】

定価 本体7,800円+税　ISBN:9784775972199

プロを目指す個人トレーダーの宝物！

本書は、ワールドカップ・チャンピオンシップ・オブ・フューチャーズ・トレーディングで3年にわたって1位と2位に輝いたケビン・ダービーが3桁のリターンをたたき出すトレードシステム開発の秘訣を伝授したものである。データマイニング、モンテカルロシミュレーション、リアルタイムトレードと、トピックは多岐にわたる。詳細な説明と例証によって、彼はアイデアの考案・立証、仕掛けポイントと手仕舞いポイントの設定、システムの検証、これらをライブトレードで実行する方法の全プロセスをステップバイステップで指導してくれる。システムへの資産配分を増やしたり減らしたりする具体的なルールや、システムをあきらめるべきときも分かってくる。

ウィザードブックシリーズ 183

システムトレード基本と原則

トレーディングで勝者と敗者を分けるもの

ブレント・ペンフォールド【著】

定価 本体4,800円+税　ISBN:9784775971505

あなたは勝者になるか敗者になるか？

勝者と敗者を分かつトレーディング原則を明確に述べる。トレーディングは異なるマーケット、異なる時間枠、異なるテクニックに基づく異なる銘柄で行われることがある。だが、成功しているすべてのトレーダーをつなぐ共通項がある。トレーディングで成功するための普遍的な原則だ。マーケットや時間枠、テクニックにかかわりなく、一貫して利益を生み出すトレーダーはすべて、それらの原則を固く守っている。彼らは目標に向かうのに役立つ強力な一言アドバイスを気前よく提供することに賛成してくれた。それぞれのアドバイスは普遍的な原則の重要な要素を強調している。